KB008746

청 소 년
자기 돌봄
1

# 내말
## 사용
## 설명서

십 대를 위한
'생각하는 말하기'

글 **변택주**    그림 **차상미**

원더박스

# 여는 말

∙∙∙∙∙∙∙

🙂 말하기가 무서워요. 가까워지고 싶어서 얘기를 건넸는데 걔는 내가 말하려는 뜻과 어긋나게 알아들어 어리둥절할 때가 적지 않아요. 어떻게 말을 해야 할까요?

👓 가까워지고 싶은 아이가 네가 말하려는 뜻에 어긋나게 들었다니 안타까웠겠구나. 서로 경험이 달라서 그럴 수도 있고, 같은 말이라도 네가 헤아린 뜻과 그 아이가 받아들인 뜻이 달랐을 수도 있어. 이를테면 너는 몽실몽실 귀엽다고 여겨서 돼지를 얘깃거리로 올렸는데 그 아이는 뚱뚱하고 미련스러운 돼지를 떠올렸다면 '뭐 이런 아이가 다 있어!' 하고 찡그리거나 물러섰을 수도 있지. 또 너는 유

치원 때 기억이 좋아서 유치원을 입에 올렸는데 걔는 유치원에 다닐 때 따돌림을 겪었다면 서로 어긋날 수밖에 없지 않겠어?

엄마하고 마주 앉기도 겁나요. 이번에 성적이 떨어져서 엄마한테 혼이 났거든요. 그런데 엄마는 한번 생각이 박히면 두고두고 그 얘기를 꺼내는 편이라서….

저런, 날마다 봐야 하는 엄마 보기가 겁난다면 큰일이지. 쉽지는 않겠지만 네가 켕겨하지 않았으면 좋겠구나. 네가 어쩔 줄 몰라 하면 할수록 엄마는 '쟤가 왜 저러지?' 꺼림칙해하다가 네 성적이 좋지 않았다는 기억을 더 떠올릴 수도 있어. 만약에 엄마가 또 성적 얘기를 꺼내면 앞으로 좋은 성적이 나올 수 있도록 애쓰겠다고 해. 덧붙여서 좋지 않은 성적 얘기를 나눌수록 부담이 커져서 시험을 또 잘못 보면 어쩌지 하는 걱정에 머릿속이 하얘진다고도 말씀 드려. 그러면 엄마도 성적 얘기를 덜 꺼내겠다고 마음을 다지실 거야.

사실 나이를 먹을 만큼 먹었다는 나도 너 못지않게 얘기하는 게 어려워. 말을 잘못해서 듣는 사람 마음을 편하지 않도록 하는 일도 잦고. 그래서 말하기라는 말머리로 얘기줄기를 세우고 얘기꽃을 피우기에 모자라는 구석이 적지 않아. 그렇지만 모자라는 사람끼리라도 머리 맞대고 마음을 다해 힘을 모으면 말문이 트이고 슬기로운 말길이 열리지 않을까. 용기를 내어 어떻게 하면 말을 잘할 수 있는지 함께 하나하나 짚어 보자꾸나. 그리고 네게 부탁 하나만 할게. 내게 높임말을 쓰지 않았으면 좋겠어. 나는 너하고 가까워지고 싶은데 네가 말을 높이면 거리감이 느껴지거든.

나는 네가 이름이 뭐고 어떻게 불리든 가리지 않고 너를 '벼리'라고 부를 거야. 나중에도 말할 틈이 있을 테지만 벼리는 하늘에 떠 있는 별에서 가져온 말이야. 어렴풋이 떠오르는 오래전에 별을 처음 보고 언니한테 "저게 뭐야?" 물었더니 "벼리야." 그러더라고. 그때 난 '아, 저건 벼리구나!' 하고 담았어. 그 말이 "별이야."였다는 것을 안 건 초등학교에 들어가고 나서였지. 그 뒤로도 아주 오래도록 누가 별이라고 하거나 말거나 내겐 벼리였어. 벼리에는 다른 뜻도 담겨 있는데 그건 다음에 얘기하기로 하고 한 발 한 발 서툰 걸음 함께 내디뎌 볼까.

누구보다 벼리를 아끼는
도서관 할아버지

차례 - - - - - - - - - - - - - - - - - - - - - - -

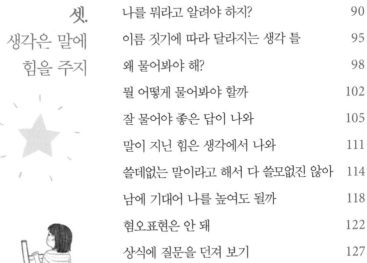

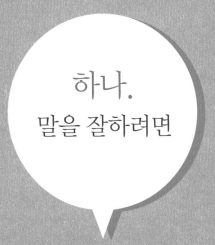

하나.
말을 잘하려면

# 어떻게 하면 말을 잘할 수 있을까

🙂 할아버지, 나는 선생님이 뭘 물으실 때나 남 앞에 나서서 말을 하려면 얼굴이 빨개지고 말을 더듬어. 어떻게 하면 말을 잘할 수 있을까?

👴 누구나 그래. '말실수라도 하면 어쩌나?' 하는 생각에 매어 있다 보면 저도 모르게 낯이 붉어지고 손이 떨리면서 눈길을 어디에 둬야 할지를 모를 때가 적지 않아. 목소리가 떨리다가 급기야 말을 더듬기도 하지. 나도 사람들 앞에 적지 아니 섰는데도 여러 사람 앞에서 중요한 말을 해야 할 때면 여태도 떨어.

또 어떤 사람이 하는 말에 그게 아니라고 되받아쳐야 한다고 느낄 때면 입안에 침이 마르고 때로는 가슴이 벌렁벌렁해지면서 말을 더듬기도 해. 지나치면 머릿속이 하얘지면서 내가 무슨 말을 하고 있는지 알 수 없을 때도 있고. 그런데 벼리야, 가까운 동무하고 얘기할 때도 낯부터 붉어지며 말을 더듬곤 하니?

🙂 아니. 동무들하고 얘기할 때는 그런 적이 없어.

👨 다른 사람들도 네 동무처럼 편안하다고 여기면 괜찮은데 그것이 쉽지는 않지. 그런데 네가 말을 잘못한다고 흉보는 사람이 있어?

🙂 그렇진 않아. 속으로 '말을 잘못한다고 흉잡히지 않을까?' 하는 생각이 들어서 그렇지.

👨 그래. 너 혼자서 흉잡힐까 봐 걱정할 뿐이지. 네 얘기를 듣는 사람들은 제가 무슨 말을 해야 좋을지 생각하느라 바빠서 네가 말을 어떻게 하는지 별 관심을 두지 않을걸.

🙂 그렇다고 해도 어디서건 버벅거리지 않고 말을 할 수 있으면 좋겠어.

👨 하하, 너뿐 아니라 누구나 가지고 있는 바람이지. 제2차 세계대전 때 영국을 다스리던 조지 6세는 아주 지독한 말더듬이였어. 말더

듬이 조지 6세를 주인공으로 한 영화도 있는데 바로 〈킹스 스피치〉
야.

　영국 조지 5세 둘째 아들 앨버트는 심한 말더듬으로 이만저만 고
민이 아니었어. 입안 가득 구슬을 담고 말을 해 보기도 하며 온갖 민
간요법을 다 써 보지만 나아질 낌새가 보이지 않았지. 고민을 거듭하
던 어느 날 왕자비 소개로 언어치료사 라이오넬 로그를 만나. 이 사
람은 입만 열면 왕자 속을 뒤집어 놓는 시건방지기 짝이 없는 괴짜
였어. 이 라이오넬이 어느 날 앨버트에게 헤드폰을 쓰고 셰익스피어
가 쓴 《햄릿》을 읽어 보라고 해. 시키는 대로 읽어 내려가던 앨버트
는 '내가 왜 고분고분 따라야 하지?' 하는 생각이 들어 부아가 치밀었
어. 책을 집어던지고 돌아서는 왕자 뒤통수에다 라이오넬은 《햄릿》
을 읽는 왕자 목소리 녹음을 들려줘. 녹음기에서 흘러나오는 제 목소
리를 들은 왕자는 깜짝 놀라. 마땅히 더듬을 줄로만 알았는데, 또박
또박 막힘없이 말을 하고 있었던 거야.
　티격태격하면서 속내를 털어놓을 만큼 가까워진 라이오넬은 마
침내 앨버트가 말을 더듬지 않을 수 없던 까닭을 알아냈어. 앨버트는
안짱다리를 고치려고 철제 부목을 대야 했고, 왼손잡이인데도 격에
맞지 않는다 하여 오른손 쓰기를 강요당했거든. 한창 뛰어놀 나이에
이토록 억눌렸으니 말을 더듬지 않을 수 없었던 거야.

그러던 어느 날, 아버지 조지 5세가 돌아가셔. 활달한 형 데이비드가 왕위를 이어받지만, 이혼녀와 스캔들을 일으키면서 왕위를 내던지는 바람에 앨버트가 임금에 오를 수밖에 없었어. 대관식을 앞두고 라이오넬은 임금들이 대관식 때만 앉는다는 '거룩한 에드워드 의자'에 털퍼덕 앉아. 화들짝 놀란 왕자가 소리치지. "당장 일어나!" 그러나 라이오넬은 아랑곳하지 않고 넉살 좋게 앉아서 대꾸해. "이건 그저 의자일 뿐이에요." 이 말에 깊은 메시지가 담겨 있어. 바로 '자리가 주는 부담을 떨쳐야 한다'는 거야. 말이든 짓이든 부담에서 벗어날 때 힘이 빠지면서 자연스러워지거든.

마침 제2차 세계대전이 막 일어난 때라 앨버트는 독일에 선전포고를 해야 했어. "결연히 일어나 험난한 가시밭길을 헤치고 나아가자!" 앨버트가 전하는 어눌하지만 간절한 한 마디 한 마디는 나라 사람들 가슴을 파고들었지.

# 말버릇 길들이기

 네가 내게 어떻게 하면 말을 잘하느냐고 묻는데, 털어놓자면 나도 말을 잘하는 편이 아니야. 말이란 제가 하고 싶은 말만 잔뜩 털어놓는 일방통행이 아니고 서로 주고받는 것이지. 그런데 나처럼 사장이나 선생 노릇을 오래도록 하면서 남에게 뭘 시키는 데 길이 든 사람들은 제 말만 앞세우는 좋지 않은 버릇을 가지고 있기 쉬워. 다른 사람이 말을 하고 나면 질세라 맞받는 건 물론이고 상대가 한마디 하고 나면 이를 받아 일장연설을 하면서 끝을 맺을 줄 모르기도 해. 더 큰 문제는 제가 그토록 말을 많이 하고 있다는 것을 알아차리지 못하는 데 있어.

맞아. 할아버지가 말이 길기는 길어.

요사이에서야 '말을 길게 하니까 듣는 이가 견디기 힘들어하는 구나!' 하고 겨우 느껴. 그마저도 그때뿐. 조금 지나면 까맣게 잊어버리고 말이 늘어지거나 주제에 어긋나는 엉뚱한 소리를 해 대고 있을 때가 적잖으니 딱한 일이지? 어휴, 오래 몸에 밴 버릇은 참으로 고치기 힘들어. 그래서 네게 이렇게 시시콜콜 잔소리를 늘어놓고 있는 거란다. "세 살 버릇 여든까지 간다"는 말처럼, 네 나이에 좋지 않은 말버릇을 들어놓으면 나중에 고치기 힘들어.

어떻게 해야 말버릇을 좋게 길들일 수 있는데?

말을 어떻게 해야 하는지 머리로 헤아리는 것이 말하기 첫 걸음이야. 만약 어떤 자리에 가서 해야 할 말이 있다면 떠오르는 대로 적어 보는 거야. 그리고 몇 차례에 걸쳐 다듬어. 처음에는 무슨 말인지 알 수 없을 만큼 낱말만 어지러이 늘어놓은 것과 같던 글도 차례를 거듭해 다듬을수록 가지런해져. '글쓰기는 생각을 체에 거르기'라고 하는 까닭이 여기에 있어. 누구와 얘기를 나누기에 앞서서 짧게라도 생각을 글로 적어 본다면 그렇지 않을 때보다 훨씬 조리 있게 말할 수 있어.

한마디 더 보태면 책을 읽거나 방송을 보다가 좋은 구절이나 아름다운 구절이 나오면 적어 뒀다가 틈날 때마다 외워 봐. 요즘 사람들은 검색하면 다 나오는데 그걸 무엇 때문에 외워야 하느냐면서 그럴 시간에 게임을 한 번 더 하거나 영화를 한 편 더 보겠다고 하더구나. 그런데 아니야. "구슬이 서 말이라도 꿰어야 보배"란 말이 있듯이, 몸에 배어 있지 않은 말은 정작 써야 할 때 꺼내어 쓸 수 없어.

# 말하기에서 가장 중요한 네 가지

🧑 그런데 할아버지, 사실 여러 사람 앞에서 말해야 할 때만 힘든 것은 아니야. 동무들과도 그냥 별 생각 없이 얘기할 때는 모르겠어. 그렇지만 어떤 문제를 놓고 여럿이 머리 맞대고 얘기할 때는 무슨 말을 해야 할지 모르겠거든. 크게 떨지 않고 발표를 하고, 토론도 웬만큼 하려면 어떻게 해야 할까?

👴 음… 사람들은 땅에서 싹이 돋고 나서야 '저기 풀이 있구나!' 하고 알아. 그런데 풀씨는 싹이 트기 전에 뿌리부터 내려. 뿌리가 웬만큼 단단히 내린 다음에야 땅을 밀치고 움이 튼단 말이야. 그런데 만약에 어떤 성미 급한 풀씨가 뿌리 내릴 생각은 하지 않고 싹부터 틔

우려고 한다면… 어떨까?

하하, 터무니없는 생각이라며 웃지 않겠어, 다른 풀들이.

맞아. 그런데 '터무니'가 뭔지는 알아?

터무니? 터무니가 뭐지? 생각해 본 적이 없네.

모르겠지? 나는 그게 안타까워. 말을 하면서 그 말을 세우는 낱말이 무슨 뜻을 가졌는지 짚어 보지도 않고 그저 어른들이나 가까운 동무들이 어느 때 어떤 말을 하는지를 보고서 따라 하고 있다는 얘기잖아.

터무니에 무슨 특별한 뜻이 있는 거야?

터무니는 '터'와 '무늬'로 이루어진 낱말이야. '터'는 집터나 일터에서 알 수 있듯이 자리를 가리키는 말이고, 옛날에는 주로 땅을 가리켰어. 무니는 무늬에서 'ㅣ'가 떨어져 나간 거야. 그러니까 터무니는 '터에 새겨진 무늬'라는 말이지. 땅을 깊이 파고 기초를 튼튼히 해야 오래도록 무너지지 않는 집을 지을 수 있어. 그러다 보니 집이

섰다가 허물어진 터에는 주춧돌을 놓았던 자리나 우물을 팠던 자리며 아궁이나 구들장과 같은 자취가 남을 수밖에 없지. 그 자취를 터무니라고 해. 그래서 '터무니없다'는 말이 깊이가 없다거나 뿌리가 없다는 것을 가리키는 말로 쓰이는 거야.

말하기도 집짓기와 마찬가지야. 터를 깊이 파고 기초를 튼튼히 했을 때 줏대가 서 있는 말을 할 수 있어. 그렇다면 말 바탕에는 무엇이 있을까? 둘이 말하기든 여럿이 어우러져 말하기든 혼자 말하기든, 말을 할 땐 다음 네 가지에 마음을 써야 해.

## ● 하나, 소리

먼저 '소리'야. 말하기는 소리가 바탕을 이뤄. 말소리가 웅웅거리면 알아듣기 힘들잖아. 똑똑하게 소리가 잘 들리도록 하려면 소리 값을 제대로 내야 해. 입말을 글말처럼 또렷하고 아름답게 끌어올리도록 애써야 하고. 말소리가 아름답고 또렷해지려면 소리 내는 기관이 골고루 쓰이도록 다듬고 가꾸어야 해. 꾸준히 연습을 해야 하는 까닭이야. 나도 이십 대 때는 신문 기사를 아나운서가 뉴스를 알리듯이 읽기도 하고, 사설이나 논설을 내레이터가 설명하듯이 읽어 가며 퍽 여러 해 동안 연습을 했어. 네가 좋아하는 가수 아이유도 연습생 시절 제 목소리가 평범하다고 느꼈대. 개성이 없어 어떻게 하나 궁리 끝에 무던히 애를 써서 목소리를 바꿨다더구나. 그 바뀐 목소리로 꾸준히 연습해서 오늘날과 같은 좋은 가수가 됐대.

## ● 둘, 알맹이

소리보다 더 중요한 것은 알맹이야. 요즘에는 콘텐츠라고도 하지. 어떻게 말해야 할지에 앞서 무엇을 말해야 할지를 궁리해야 해. 여기서 가리키는 무엇이 바로 알맹이인데, 알맹이 없는 말은 사람 사이에 헛바람을 집어넣어 관계를 허물어뜨리고 말아. 속이 알찬 말을 하려면 먼저 남이 하는 말을 귀담아들어야 해. 남이 하는 말을 귀담아듣는 사람은 저절로 제 말에 알맹이를 채울 수 있단다. 알맹이를 채울 열쇠는 생각이야.

## ● 셋, 생각하기

여기서 생각한다는 것은 당장 하려는 말에 담을 정보를 가다듬어 가지런히 차례 세우는 걸 가리켜. 생각을 가다듬으려면 혼자 있는 시간을 가져야 해. '속말하기'라고, 속으로 혼잣말을 주고받는 시간을 가져야 한다는 말이야. 알맹이가 차오른 말을 하려면 먼저 생각을 깊게 하여 얼과 두뇌를 갈고 닦아야 한다는 얘기지. 이 바탕에서 남이 하는 말을 귀담아들으면 사람됨을 북돋울 뿐만 아니라 사람 사이를 튼튼하게 만들어 갈 수 있어.

● **넷, 윤리**

마지막으로 '말하는 윤리'를 갖춰야 해. 되도록 쉬운 말을 써야
하고, 참말과 거짓말, 바른 말과 그른 말, 할 말과 못할 말을 가
려 쓸 줄 알아야 한다는 뜻이야.

# 말은 쉬워야 해

🧑 똑똑한 애들을 보면 어려운 말도 섞어서 얘기를 잘해. 이해가 잘 안 되어서 조금 답답하긴 하지만, 멋있어 보일 때도 있어. 나도 그렇게 말하는 게 좋을까?

👨 벼리야, 말을 하는 까닭이 어디에 있을까? 뜻을 나눠 서로 모르는 것을 알도록 하고, 엉킨 타래를 풀고 막힌 길을 뚫어 어울려 살려는 데 있지 않을까.

고무신 할배 윤구병 선생님이 대학 교수도 그만두고 부안에 변산 공동체학교라는 마을을 꾸리고 내려가셨을 때 일이야. 막상 농사를 짓자니 언제 콩을 심어야 할지 알 수 없었대. 그래서 가까운 마을에 사는 풍산 할머니를 찾아가 여쭀어. 풍산 할머니는 초등학교도 나오지 않았지만 농사지어 밭도 사고 집도 사서 부모 잃은 아이들도 거두며 살아가는 분이셨대. 풍산 할머니를 만난 윤 선생님은 예의를 깍듯이 갖추고 여쭀어. "대두 파종 시기에 관한 문의 차 방문했습니다."

풍산 할머니는 이 말을 알아듣지 못했어. "대두? 대두는 무엇이며 파종 시기는 또 뭣이여?" 아차 싶었던 윤 선생님은 낯을 붉히면서 얼른 우리말로 다시 말씀드렸대. "콩 심는 때를 여쭤 보려고 들렀습니다." 풍산 할머니는 "아따, 진작 그렇게 말할 일이재. 검정콩은 감꽃 필 때 심고, 메주콩은 감꽃 질 때 심재." 하시더래.


사실 나도 어려운 말 쓰는 애들 앞에서 혼자 낯을 붉히고 있다가 거듭 알아듣지 못해서 발가벗고 길에 나앉아 있는 것 같은 느낌이 들었던 때가 있어. 그런데 그 자리에서는 말을 좀 쉽게 해 달라고 하지 못하겠더라고. 창피하잖아. 그러고서 나중에 약이 오른 적이 한두 번이 아니야.


내가 열아홉 살 때 패션 디자인 연구소장 조수로 일을 시작하고 얼마 되지 않았을 때였어. 하루는 소장님이 어떤 분에게 선물을 해야 하니까 구두 티켓을 하나 사 오라고 하면서 3만 원인가를 내줬어. 그런데 나는 '티켓'이 뭘 가리키는 말인지 몰랐어. 그래도 그때 가장 유명한 제화점으로 달려가 구두 티켓을 하나 달라고 했지. 그랬더니

상품권을 한 장 내주지 않겠어? 구두 상품권을 사 오라고 했으면 좋았을 텐데, 숫기가 없어서 물어보지도 못하고 잠깐이지만 속앓이를 하며 영어를 모른다는 것이 부끄러웠지. 한참 나이가 든 다음에야 우리말이 있는데도 영어를 쓰거나 쉬운 말이 있는데도 어려운 말을 쓰는 것이 큰 잘못이라는 걸 알았어.

👧 많이 답답했겠다. 사람들은 어째서 쉬운 말을 쓰지 않는 걸까?

👨 영어를 비롯한 외국말을 우리말로 풀어내려고 애쓰지 않아서 빚어지는 일이기도 하고, 쉬운 말을 몰라서 그럴 수도 있어. 아니면 젠체하려고 그럴 수도 있지. 나도 티켓을 몰라 쩔쩔매던 기억이 있으면서도, 패션 얘기를 할 때는 잘난 체하면서 영어는 말할 것도 없이 뜻도 제대로 모르는 프랑스 말이나 이탈리아 말을 입에 달고 산 적이 있지. 지금 생각하면 부끄럽기 짝이 없단다.

# 정말 참말만 해야 해?

🧑‍🦰 어른들은 거짓말을 하지 말라고들 하는데, 참말만 하면 손해 보는 느낌이 들 때가 자주 있어. 엄마 아빠도 가끔 거짓말을 할 때가 있고. 정말 참말만 해야 해?

👨 참말이란 사실에 들어맞는 말이야. 그리고 사실과 달라서 남을 속이는 말이 바로 거짓말이야. 곱슬머리를 보고 머리가 구불거린다고 하면 참말이지만, 머리카락이 곧고 빳빳하게 뻗은 사람에게 곱슬머리라고 하면 거짓말이 되고 말아. 달리 말하면 '있는 것을 있다고 하고 없는 것은 없다'고 하면 참말이고, '있는 것을 없다고 하거나 없는 것을 있다'고 하면 거짓말이야.

그리고 '인 것을 이라고 하고 아닌 것을 아니'라고 하면 참말이고, '인 것을 아니라고 하거나 아닌 것을 이'라고 하면 거짓말이야. 이 말은 좀 어려우려나? 이를테면 사슴'인'데 사슴'이'라고 하고, 사슴이 '아닌'데 사슴이 '아니'라고 하면 참말이야. 사슴'인'데 사슴이 '아니'라고 하거나, 사슴이 '아닌'데 사슴'이'라고 하면 거짓말이고. 또 '같은 것을 같다고 하고 다른 것을 다르다'고 하면 참말이고, '다른 것을 같다고 하거나 같은 것을 다르다'고 하면 거짓말이지.

거짓말을 하는 까닭은 크게 두 가지로 나눌 수 있어. 하나는 남에게 얕보이지 않고 저를 지키려고 하는 거짓말이고, 다른 하나는 남을 등치고 속여서 저만 잘 살아남으려고 하는 거짓말이야. 얕보이지 않으려고 하는 거짓말은 그나마 봐줄 구석이 조금이라도 있지만, 남을 등치려고 하는 거짓말은 범죄야.

참말을 하는 것이 어째서 중요할까? 사람이 살아가려면 제 앞가림을 하지 않으면 안 돼. 그런데 사람들 가운데 혼자 제 앞가림을 하며 사는 사람은 드물어. 내가 끼고 있는 안경, 입은 옷이며, 아까 먹은 밥 어느 것 하나 내가 만든 것이 없어. 이렇게 사람은 혼자 살 수 없고 더불어 살 길을 찾아야 하는 목숨붙이로 태어났지. 하는 수 없이 다른 사람들에게 신세를 여러 가지로 지고 살아갈 수밖에 없어.

그러니까 '내겐 뭐가 없는데 네겐 그게 있니?' 하는 말 따위를 나누면서 뜻이나 쓸모를 서로 주고받는 거야. 그런데 죄다 거짓말만 한다면 서로가 서로에게 바라는 것이나 뜻을 나눌 수 있는 길이 막혀 버리고 말지 않겠어?

이솝우화에 나오는 양 치는 아이 얘기 기억나니? 날마다 꼬박 양을 지켜야 했던 아이는 심심해서 견딜 수 없었지. 그래서 재미 삼아 "늑대가 나타났다!"고 소리치잖아. 마을 사람들이 놀라서 몽둥이와 냄비, 낫과 같은 걸 들고 달려 나왔지. 제가 한 거짓말에 속아 넘어간 마을 사람들을 보고 아이는 배꼽을 잡고 웃었어. 그렇게 두어 차례 속은 마을 사람들은 나중에 정작 늑대가 나타났을 때는 아무도 오지 않잖아. 끝내 양들이 목숨을 잃는 일이 생기지. 거짓말을 한 끝이 좋을 수는 없어. 그러니까 싫더라도 참말을 하고 살아갈 수밖에 없지.

# 바른 말과 그른 말

😊 참말하고 바른 말은 같은 거 아니야?

😎 비슷해 보이지만 같지는 않아. 바른 말은 그른 말과 짝인데 이 치, 곧 조리를 두고 둘이 나뉘어. 조리란 말이나 일 따위가 앞뒤가 들 어맞고 체계가 서는 갈피를 가리키는 말이야.

'여기 강아지가 있다' 또는 '여기 강아지가 없다'고 하는 말은 사 실과 맞느냐 어긋나느냐에 따라 참말 또는 거짓말로 가려지지. 그러 나 '이제는 가야 한다'와 '아직은 가지 않아야 한다'고 하는 말은 여 러 가지 얽힌 갈피를 살펴서 그에 맞느냐 어긋나느냐에 따라 바른 말 과 그른 말로 가릴 수밖에 없어.

서울 사는 사람에게 대전 가는 기차표로 대구까지 갈 수 없다고 하면 바른 말이야. 그러나 부산 사는 사람에게도 같은 말을 한다면 그른 말이 되고 말지. 이처럼 어떤 사람이나 일에 맞춰 말한 것을 다른 사람에게 모두 적용할 수 없는 것들이 적지 않아.

우리나라를 가리켜 극동이라고 부르거나 동북아시아라고 하는 것도 사실을 짚어 보면 바르다고 볼 수 없어. 그건 유럽 사람들이 저희를 가운데 두고 우리나라를 동쪽에 있다고 하는 것이지. 북반구 반대쪽에 있는 사람들은 우리나라가 서쪽에 있다고 할 거 아니야. 이처럼 한반도는 그대로 있지만 어디서 보느냐에 따라 동과 서, 남과 북을 달리 부를 수가 있어.


이처럼 이치나 조리는 사실을 가리는 것보다 슬기로운 잣대가 있어야 판가름할 수 있어. 사람이 어울려 살아가는 세상에는 갖가지 풀어 나가야 할 일이 얽히고 부딪히기 마련이야. 그럴 때마다 사람들은 슬기를 모아 조리에 맞게 풀어 새로이 살아가곤 해.

이처럼 엉킨 실타래를 풀려고 여럿이 모여 바람직한 실마리를 찾고 있을 때에 바른 말과 그른 말이 두드러지게 드러나. 엉킨 실타래를 풀어 갈 수 있는 실마리를 찾아내는 데 도움이 되는 말, 곧 바른 말을 하는 사람은 그 동아리에서 슬기로운 사람으로 우러름을 받고 힘을 얻어. 거꾸로 앞에 놓인 실타래를 푸는 데 아무런 도움도 주지 못하는 그른 말만 자꾸 하는 사람은 어리석은 사람으로 찍힐 수밖에 없지. 바른 말과 그른 말을 뚜렷하게 가려내고, 그른 말을 바로잡고 줄이는 일이야말로 서로 살리며 세상을 드높이는 지름길이야.

# 할 말은 뭐고 못할 말은 뭐야

🙂 할아버지, 그럼 참말과 바른 말만 하고 거짓말과 그른 말은 하지 않으면 되겠네.

🙂 그러기만 하다면 오죽 편하겠니. 하지만 '할 말'과 '못할 말'을 판가름하기란 보통 어려운 게 아니란다. 참말과 바른 말이라고 해서 모두 할 말이 되는 것도 아니고, 거짓말과 그른 말이라고 해서 모조리 못할 말일 수도 없거든.

할 말과 못할 말을 가리는 잣대는 뭘까? 그건 사람 사이를 단단히 묶어 주는 끈, '사랑'으로 판가름 나. 아무리 사실에 맞는 참말이고 이

치에 닿고 조리에 맞는 바른 말일지라도 사람과 사람 사이를 갈라놓는 말은 못할 말이야. 반대로 비록 사실에 어긋나는 거짓말이거나 조리에서 벗어나는 말일지라도 사람 사이가 좋아지도록 북돋우고 깨어졌던 사랑을 되살려 단단하게 묶어 줄 수 있으면 할 말이지. 하얀 거짓말이 여기에 들어가.

못할 말로 사람 사이를 갈라놓는 사람은 미움에 사로잡혀 있고, 할 말로 사람을 모아 놓고 묶어 놓는 사람은 사랑에 사로잡혀 있어. 못할 말은 듣는 사람 가슴에 깊이 생채기를 남기지만, 할 말은 가슴에 난 상처를 낫게 하거든. 그래서 "세 치 혀가 사람 잡는다"는 말이 있고, "말 한 마디로 천 냥 빚을 갚는다"는 말도 있는 거야.


부처님이 살아 계실 때 고타미라는 부인이 살고 있었어. 이 부인에게는 아기가 생기지 않아 오래 마음고생을 한 끝에 어렵사리 얻은 아기가 있었어. 그린데 아장아장 걸음마를 하며 눈에 넣어도 아프지 않을 만큼 귀여운 아기가 갑자기 죽고 말았대. 고타미는 아이를 살려 달라며 미친 듯이 거리를 쏘다녔어. 마침 어떤 이가 부처님이라면 아이를 살릴 수 있을지도 모르겠다고 했어. 단걸음에 부처님을 찾아간 고타미는 아이를 살려 달라고 빌었어. 부처님은 "아이를 살려 줄 테니 아이에게 먹일 약에 쓰일 겨자씨를 얻어 오시오. 다만 이제까지 죽은 사람이 한 사람도 없는 집에서 얻어 와야 합니다."라고 말씀했어.

고타미는 마을로 내려가 집집마다 문을 두드리고 물었어. "혹시 집안 식구 가운데 죽은 사람이 있습니까?" 그런데 죽어 나간 사람이 없는 집은 하나도 없었어. 어떤 집은 남편이 죽었다고, 어떤 집은 할머니가 돌아가셨다고, 어떤 집은 아이가 죽었다고 하는 거야. 이렇게 하루 종일 헤매고 다니는 사이에 고타미는 마음이 조금 조금씩 누그러졌어. 식구를 잃고 슬픔에 겨워 몸부림치는 사람이 혼자만이 아니라는 것을 깨달은 거야. '아, 사람들은 저마다 아픔에 겨워하며 슬픔을 삭이면서 살아가고 있구나!' 고타미는 터덜터덜 부처님이 계신 곳으로 돌아왔어.

"겨자씨를 얻어 오셨소?"

"아니오, 얻지 못했습니다. 그러나 이제 약은 없어도 됩니다. 이 아이를 다비(화장)하겠습니다."

얼마 뒤 고타미는 머리를 깎고 스님이 되었어.

아이를 살려 주겠다는 부처님 말씀은 참말이었을까? 아니야. 부처님은 사람은 누구나 죽을 수밖에 없다는 사실을 깨우쳐 고타미가 슬픔을 떨치고 살아갈 수 있도록 하얀 거짓말을 하셨던 거지. 그러나 이 말씀은 더할 나위 없이 참다운 말씀이 아닐 수 없어.

말하기는 소리라는 그릇에 마음을 담아 듣는 이에게 건네는 연장이야. 윤리를 담은 고운 마음을 '양심'이라고도 하고 '사람됨'이라고도 해. 윤리가 담기지 않은 말하기란 얼빠진 말하기야.

# 대화를 할 때 눈부처를 그려야 한다던데

🙂 지난번 진로교육 시간에 온 작가 선생님이 대화를 할 때 '눈부처'를 그려야 한다던데… 눈부처가 뭐야?

👨 눈부처란 말을 나눌 때 서로 눈을 맞추며 얘기하는 것을 가리키는 말이야. 눈을 맞추며 말을 하다 보면 그 사람 눈에 내 모습이, 내 눈에 그 사람 모습이 고스란히 담긴다는 얘기지. 그런데 말을 나누며 눈부처를 그리는 모습은 보기가 어려워졌어. '내가 무슨 말을 해야 할까?' 하는 생각에 매여서 상대가 하는 말을 듣기는 그만두고라도 그 사람을 바라볼 겨를조차 없기 때문이야.

눈부처를 그린다는 말을 눈높이를 맞춘다고도 해. 여기엔 두 가지 뜻이 담겨 있어. 한 사람은 서고 한 사람은 앉아서 얘기하면 누구는 내려다보고 말을 하게 되고 누구는 올려다보고 얘기해야 하잖아. 아래 있는 사람은 저도 모르게 움츠러드는 느낌을 지울 수 없어. 그래서 눈높이를 맞추고 말하는 게 좋아. 이게 첫째 뜻이야.

그리고 말을 나눌 때는 서로 알아들을 수 있는 말과 얼거리를 가지고 해야 얘기가 풀려 나가. 이게 둘째 뜻이야. 서너 살배기 아이와 얘기하면서 걔가 알아듣지 못하는 어려운 말을 쓴다면 얘기가 되겠어? 그건 걔하고 말을 섞기 싫다는 것이거나 '내가 너보다 아는 것이 많아.' 하고 젠체하는 것밖에 되지 않아. 아울러 말 상대가 어떤 생각을 하고 있는지, 무슨 말을 나누고 싶어 하는지 알지 못하고 제가 하고 싶은 얘기만 한다면 눈높이가 맞는다고 할 수 있을까?

👩 눈부처를 그리며 말을 나누는 건 쉽지 않은 일이구나.

👨 맞아. 이렇게 말하는 나도 실수를 곧잘 저지르고서 뉘우치곤 해. 엊그제 제주에 있는 한 초등학교에 꼬마평화도서관이 문을 열었어. 꼬마평화도서관이 초등학교에는 처음 들어서는 뜻깊은 자리라 기쁜 마음에 멀리 제주까지 단걸음에 다녀왔지. 1학년부터 6학년까지 전교생이 모인 잔치 자리에서 잠깐 한 마디 할 틈을 얻어서 "한라

에 사는 여러분!" 하고 말머리를 꺼냈어.

　그런데 아이들이 '뭔 말이야?' 하는 낯빛으로 멀뚱하게 쳐다보는 게 아니겠어? 입 모아 "네!" 할 줄 알았는데 뜻밖이라 어리둥절해하면서 한 아이한테 그러면 어디에 사느냐고 물었지. 그랬더니 "덕수리요!" 하더라고. 서울을 중심에 두는 사고에 빠져 있는 나는 제주하면 자연스럽게 한라산을 떠올리지만, 제주에 사는 아이들한테 한라산은 두드러져 보이는 게 아니었던 거야. 우리가 날마다 들이마시는 공기처럼 말이지.

'아차!' 하고 그다음부터는 조심스럽게 얘기를 풀어 갔어. 그런데 그만, 채 5분도 지나지 않아 또 실수를 하고 말았지 뭐야.

평화와 안전은 쌍둥이 같다는 얘기를 하려고 비상구와 안전문 얘기를 꺼냈어. '비상'이라고 하면 급하게 서두르는 모습이 떠오르잖아. 그래서 이렇게 말했지. "이 강당에 불이 났는데 저기에 비상구 표시가 보여요. 급히 달려가는 모양을 하고 있지요. 그걸 보면 어떤 생각이 들겠어요? '아, 급하니까 나도 달려야겠다!' 이런 마음이 들어 서로 달려 나가다가는 자칫 엎어지고 다치는 일이 벌어지지 않을까요?" 뒤이어 비상구 표시를 혼자 달려가는 사람 모양 대신 둘이 손을 잡고 걷는 모양으로 바꾸면 좋지 않겠느냐고 덧붙이고선, 비상구라는 말을 '안전문'이라고 바꿔도 좋겠다는 말을 나눴지.

거기서 끝났으면 좋았을 것을… 더 알려 주려는 욕심이 들었어. 그래서 비상구에서 '구口'는 한자로 입을 가리키는 말인데 일본 사람들은 '문'을 가리키는 말로 쓴다, 일제강점기를 거친 우리는 '지하철 5번 출구'라는 말에서 알 수 있듯이 여태껏 고치지 않고 문을 입구와 출구라고 한다는 얘기를 하고 말았어. 지하철이 없는 제주 아이들에게 그야말로 생뚱맞은 말을 한 거지. 얘기를 나눌 때 상대를 마음에 두지 않았기 때문에 빚어진 일이야.

딱하지? 눈부처 그리기는 상대를 헤아리는 데서 비롯해.

# 말은 사실에 들어맞아야 해

얼마 전에 독후감 심사를 한 적이 있어. 중학교 학생이 쓴 글 가운데 글 얼개도 좋고 얼거리 또한 나무랄 데가 없는 글이 한 편 있었어. 모든 심사위원이 생각을 잘 벼려 냈다는 데 뜻을 모았어. 그런데 글머리에 "우리나라는 다른 나라를 한 번도 침략한 적이 없다."는 말이 들어 있었어. 삼국시대 때 고구려, 백제, 신라가 서로 쳐들어갔다는 것을 모르는 사람은 없어. 아울러 고려나 조선이 여진을 정벌하고 조선이 대마도를 정벌하기도 했지. 가깝게는 베트남 전쟁 참전도 했고. 그러니까 이 학생이 쓴 글은 사실에 어긋났어.

이걸 보면서 소설 《쇼코의 미소》에 실린 단편 하나가 떠올랐어.

독일에 사는 열세 살짜리 한국 여자아이가 이웃에 사는 베트남 친구 투이네 집에 가서 주인인 호 아저씨가 만든 만두를 먹고 있었어. 얘기 끝에 "한국은 다른 나라를 침략한 적 없어요."라고 했어. 아빠는 아무 얘기도 못 들었다는 듯이 아이 쪽으로 눈을 돌리지 않았고, 엄마는 조용히 하라는 듯한 눈빛을 보냈지. 호 아저씨는 "국물이 짜지 않은지 모르겠네." 하고 말길을 돌렸어. 아이는 모두 제 말을 무시하는 것 같아 서운해서, "정말이에요. 우린 정말 아무도 해치지 않았어요."라고 한 마디 더 보탰어. 그러고는 맞은편에 앉는 아빠를 간절히 바라봤어. 인정해 달라는 눈길이었지.

그런데 뜻밖으로 아빠는 "넌 어른들 말하는 데 끼어들지 마. 네가 대체 뭘 안다고 떠드는 거냐!" 하고 한국말로 소리쳤어. 모두 젓가락질을 멈추고 아이를 바라봤어. 아이는 친구 집에서 그런 소릴 듣는 게 낯 뜨겁고 억울해서 귀가 먹먹해지고 눈물까지 고였지만 용기를 쥐어짜서 독일어로 말했어. "한국에서 그렇게 배웠는데. 우린 아무에게도 잘못한 게 없다고. 우린 당하기만 했다고. 선생님이 그렇게 말했는데…."

이때 친구 투이가 입을 열었어. "한국 군인들이 죽였다고 했어. … 그들이 엄마 가족 모두를 다 죽였다고 했어. 할머니도, 아기였던 이모까지도 그냥 다 죽였다고 했어. 엄마 고향에는 한국군 증오비가 있대." 어떻게 네가 그런 말을 할 수 있느냐고 따지는 말투였지만 아이는 개가 무슨 말을 하는지 도무지 이해할 수 없었어. 제 딴에는 제가 아는 걸 드러내고 싶었을 뿐인데 제가 모르는 사실이 따로 있다는 얘기에 어리둥절했을 테지. 억울했을 거야.

일을 이토록 몰아간 어른들이 문제야. 사실이 어찌 됐든, 아니 사실을 비틀어서라도 우리나라는 좋은 나라라고 하려는 제나라으뜸주의(국수주의)가 빚어 낸 그릇됨이야.


독후감에 "우리나라는 다른 나라를 한 번도 침략한 적이 없다."고 남긴 학생은 사실에 어긋나게 썼으니 떨어뜨려야 하지 않겠느냐는 고민을 하지 않을 수 없었어. 어떤 결정을 내리든 그 배경을 알아야 하겠기에 심사위원 가운데 현직 선생님에게 학교에서는 어떻게 가르치느냐고 물었어. 멋모르고 배워서 그런 걸 떨어뜨린다면 너무하지 않느냐는 의견도 나왔기 때문이야. 선생님 말씀이, 흔히 우리는 다른 나라를 쳐들어간 적이 없다고 가르친다는 거야. 머리를 맞댄 끝에, 역사 시험을 보는 게 아니라는 데 뜻을 모으고 아직 중학생이라는 것을 떠올리며 등급을 내려 상을 주기로 했어.

그렇다고 해서 그 학생이 사실에서 벗어난 글을 썼다는 책임에서 벗어날 수 있다는 말은 아니야. 선생님이 우리나라는 다른 나라를 쳐들어간 적이 없다고 말씀했다고 해도, 고려나 조선에서 정벌에 나섰다는 것조차 배우지 않았다고 할 수는 없잖아. 꼼꼼하게 짚어 보지 않고 다른 사람이 하는 말을 그대로 따라 한다면 주인이 하는 말을 흉내 내는 앵무새와 무엇이 다르겠어. 한편으로는 중학생이라는 점을 살펴 상을 준 심사위원들도 사실에서 벗어난 글에 점수를 줬다는 데서 자유로울 수는 없어.

말을 잘한다는 건 귀에 감기도록 듣기 좋은 말을 하는 것이 아니야. 말이 서툴고 어눌하더라도 있는 사실을 꾸밈없이 드러내고 뚜렷하니 제 뜻을 참답게 드러내야 제대로 하는 것이라 할 수 있어. 남 앞에 나서서 말을 해야 하는 사람이라면 제가 들은 얘기가 사실에 들어맞는지 여러 갈래로 두드려 보고 참답다는 믿음이 들 때만 얘기를 하는 버릇을 들여야 해.

# 마음을 끄는 말은 어떻게 해?

👩 다음 주에 학교에서 축제를 하는데 나는 창작 랩을 하기로 했어. 그래서 랩 가사를 쓰고 있는데 진도가 잘 안 나가네. 요새 할아버지랑 나누고 있는 얘기를 주제로 한 가사인데, 들려줄까?

👴 물론이지, 벼리야. 기대되는데.

👩 너무 그러지는 말고. 괜히 기대했다가 김빠질라. 아직 다 쓰지는 못했어. 제목은 〈고구마〉고, 이렇게 시작해.

으~ 갑갑해 아~ 목 막혀

니가 하는 그 말 그 말

이젠 정말 그만 그만

니 눈에는 안 보이니

내 얼굴에 다크 서클

고마 해라 마이 들었다 아이가

고구마다 느이 그 말 말이다

…


짝짝짝짝! 가사가 귀에 쏙쏙 들어오는데. 조금만 더 애써서 랩을 완성하면 축제에서 동무들이 아주 즐거워하겠는걸.

네가 쓴 가사처럼 말이 흐름새(리듬)를 타면 듣는 사람에게 더 잘 새겨져. "잠자면 꿈을 꾸지만, 덜 자면 꿈을 이룬다.", "죽느냐 사느냐, 그것이 문제로다." 같은 말들이 그런 말들이야.

말을 할 때 일정한 곳에 같은 소리가 나는 낱말을 두면 흐름새를 느낄 수 있어. 이와 같은 소리 맞춤, 요새 말로는 라임이 주의 집중을 잘하도록 만든다는 연구도 있어. 라파에트 대학교 연구팀은 소리 맞춤을 탄 메시지가 훨씬 더 또렷하게 기억된다는 연구 결과를 내놨어. 실험 참가자들에게 끄트머리에 비슷한 운을 거듭 단 소리 맞춤 격언과 이것을 바꿔서 리듬을 없앤 문장 60개를 내줬어. 그리고 이들 문장이 사람 움직임을 얼마나 적절하게 그려 내고 있는지 평가해 보라고 했어. 그랬더니 참가자들은 소리 맞춤 격언이 알맞다는 데 평균 617점을 줬어. 소리 맞춤을 없앤 글월엔 평균 526점을 준 것과 차이가 많이 나지? 같은 뜻을 담고 있더라도, 흐름을 타는 말이 그렇지 않은 말보다 훨씬 깊이 파고든다는 뜻이야.

랩 가사를 쓰다 보니 우리말에도 라임이 살아 있는 말들이 많이 있다는 게 보이더라고. '살금살금', '꾸벅꾸벅' 같은 말 말이야.

맞아. 그런 말을 '시늉말'이라고 불러. 네가 말한 '살금살금'이나 '꾸벅꾸벅' 같은 말은 짓을 시늉 낸 짓시늉말(의태어)이고, '졸졸졸'이나 '우당탕탕' 같은 말은 소리를 흉내 낸 소리시늉말(의성어)이야.

말에서 가장 중요한 건 얼거리지만, 시늉말처럼 느낌을 살린 말을 쓰면 마음을 끄는 말을 하는 데 도움이 돼. "동무들이 복도에서 씨름을 했다."라고 하기보다는 "달이와 찬이가 복도에서 씨름을 하느라 우당탕탕 난리도 아니었어."라고 하는 것이 훨씬 생생하게 들리지? 눈앞에서 그러는 것처럼 그림도 그려지고. 또 "밤새 눈이 왔어."보다 "도둑눈이 왔네!"라고 하면 더 재밌지 않아?

도둑눈? 눈이 뭘 훔치기도 해?

하하, 그게 아니라 밤사이 아무도 모르게 사부작 내려앉은 눈을 가리키는 낱말이야. 싸락눈, 가랑눈, 함박눈도 좋지만 도둑눈이 더 근사하지 않아? 밤새 딴 세상을 펼쳐 놓으니까.

밤에 몰래 내리는 눈이 도둑눈이면 낮에 펑펑 내리는 눈은 경찰눈이라고 하면 되겠네. ^^

둘.
듣는 게 중요해

# 엄마 잔소리 때문에 속상해

😊 엄마 잔소리 때문에 속상해 죽겠어.

😎 하하, 나도 너만 할 때 어머니 잔소리를 지긋지긋해했지. 그런데 이제 와서 보니 잔소리가 나를 다듬어 준 것 같더라. 그러니 잔소리를 너무 귀찮아하지는 마. 잔소리를 제대로 주고받으면 큰소리칠 일이 줄어들어. 가볍게 흘려들을 수도 있는 잔소리를 간섭이라고 여겨서 꽁하고 마음에 담아 두는 순간 더없이 성가신 소리로 바뀌어. 동무끼리든 자식과 어버이 사이든 학생과 선생 사이든 평소에 별 거 아닌 얘기를 자주 주고받는 것이 좋아. 그래야 잔소리가 거슬리지 않을 수 있어. 사실 잔소리란 다 잘하라고 하는 얘기잖아. 몸에 피돌기

가 한순간도 멈추지 않아야 우리가 살 수 있듯이, 잔소리를 부드럽게 주고받는 사이에 헤아림이 끊임없이 흐르면서 사랑이 고여.

그래도 잔소리는 듣기 싫다고? 잔소리 한 마디가 운명을 돌려놓은 얘기 들어 볼래? 미국 장애인 육상선수이자 패션모델인 에이미 멀린스는 태어나면서부터 종아리뼈가 없었어. 부모는 다리를 그냥 두어 평생을 휠체어에 앉아 살게 할 것인가, 힘이 들더라도 잘라 내고 의족을 끼워 걷도록 할 것인가를 결정해야 했어. 고민 끝에 살을 에는 아픔을 견디며 한 살짜리 딸 무릎 아래를 잘라 내도록 했대. 뒷날 의족을 해 끼운 에이미는 미국 조지타운 대학교 시절 장애인이 아닌 육상선수들과 나란히 뛰었어.

미국에서 가장 큰 스포츠 대회 가운데 하나인 빅 이스트 100미터 달리기에 나간 에이미. 결승선을 15미터 앞에 두고 그만, 의족이 빠져 버렸지 뭐야. 5천여 명 관중 앞에 드러난 다리가 민망스러웠던 에이미는 어쩔 줄 몰라 하며 경기를 포기하려고 했어. 그때 코치가 "에이미, 그게 뭐 어때서? 다시 끼우면 되잖아! 그리고 경기를 끝내 버리는 거야!"라고 외쳤어.

뒷날 에이미는 그 잔소리가 장애를 넘어서도록 했다고 했어. 그때 에이미가 '이건 장거리 경주가 아니라 100미터 달리기란 말이야. 이미 다른 선수들이 다 들어가고 난 다음에 뛰어 봤자 뭐해. 창피하게.'라며 포기할 수도 있었잖아. 그러지 않았던 건 평소 애정 어린 코치 잔소리를 거슬려 하지 않아서가 아니었을까.

누구나 견디기 힘들 때가 있어. 땅이 꺼져 이대로 사라져 버렸으면 좋겠다고 느끼는 그때 툭 던져진 "그게 뭐 어때서." 한 마디가 나를 살리는 힘이 되지 않을까. 에이미는 "장애인이란 몸 한구석을 쓸 수 없는 사람이 아니다. 진짜 장애는 얼이 억눌리고 꿈을 잃어 아름다움을 보지도 못하는 거다. 장애란 호기심이 없고 상상력을 잃은 게 아니겠느냐? 그러니 얼이 억눌리지 않도록 꿈을 심어 주어 호기심과 상상 나래가 살아나도록 아우른다면, 누구나 제 힘으로 일어서 참답게 빛날 것"이라고 외쳐.

"그게 뭐 어때서."라고 다독일 도타운 벗이 없어도 괜찮아. 혼잣말로라도 "그게 뭐 어때서!" 하고 털어 버리고 달려 나가는 거야.

# 엄마하고 말도 하고 싶지 않아

할아버지, 엄마와는 무슨 말을 할 수 없어. 내가 입만 벙긋하면 네가 말하지 않아도 다 안다는 듯이 엉뚱한 소리를 할 때가 많고, 뭐든 다 안 된대. 엄마하고 말도 하고 싶지 않아.

가장 가깝다는 부모와 자식 사이가 가장 멀다고 느껴질 때가 많아. 품은 기대와 바람이 서로 어긋나면서 갈등이 이는 거지. 기대와 고마움은 반비례하거든.

생각해 봐. 엄마가 네게 밥을 해 주고 옷을 마련해 입히는 건 당연한 일 같지? 그래서 고맙다는 생각이 잘 들지 않아. 그러나 이모가 어쩌다가 밥을 해 주거나 옷을 한 벌 사 주면 고마워하잖아. 깊이 생각해 보면 누가 더 고마울까? 어쩌다가 내게 잘해 주는 이모도 고맙지만 날마다 싫은 내색 없이 나를 아울러 주는 엄마가 더 고맙지 않겠어? 엄마한테 네 뜻을 나눌 때나 엄마가 뭘 해 줬으면 좋겠다는 얘기를 나눌 때 "엄마가 이렇게 해 주니 너무 좋아. 참 고마워."라고 하고 나서 "엄마 바빠? 나, 할 얘기가 있는데…" 하고 말해 보려무나. 엄마가 어떻게 나올까?

 으이구, 할아버지! 어른끼리라고 두둔하기는.

듣고 보니 그러네. 근데 거꾸로도 마찬가지라는 얘기를 하려고 했거든. 엄마도 네가 큰 잘못 저지르지 않고 고물고물 잘 자라 주는 것만으로도 얼마나 고마운 일인지 몰라서 그래. 너무 당연하게 받아들이기 때문이지. 네가 수학 시험지를 겸연쩍게 내밀며 "알고 있는 문제인데 또 틀렸네." 하고 말했을 때, "애썼어, 우리 버리. 잘 알고 있다고 긴장이 풀렸구나. 다음에는 침착하게 해 봐." 하고 씩 웃어 주면 네가 어떻게 나올까?

그런데 식구들, 아버지와 어머니와 아들, 딸 또는 할아버지와 할머니, 그리고 언니, 아우가 마주앉아 속내를 털어놓고 얘기할 겨를이 별로 없어. 부모 자식 사이에도 '해라', '하지 말아라!', '해 달라', '싫다'처럼 명령이나 바람, 불만을 드러낼 뿐이야. 사랑은 그만두고라도 헤아림조차 들어설 겨를이 없는 거지.

　그러니까 내가 부모와 자식이든 언니와 아우든 간에 '이럴 거다, 저럴 거다' 하고 미리 상대 생각을 저울질하지 않아야 해. 열린 마음으로 상대가 하는 말을 받아들이면 상대방 말에 담긴 뜻이 와닿아. 이걸 귀담아듣기라 해. 말이 귀에 제대로 담기면 상대방이 참으로 바라는 게 뭔지 깊이 새길 수 있지 않겠어.

# 귀도 떠야 들려

그래도 할아버지, 엄마는 내 말을 잘 안 듣는 것 같아. 내게는 중요한 일인데 엄마는 별 거 아니라는 투로 얘기하거든. 그래서 나도 엄마가 뭐라고 하면 못 들은 체해.

이런, 벼리 마음이 많이 다쳤구나. 그런데 그거 알아? 귀도 떠야 들린다는 걸. 우리는 눈을 일부러 떠야 뭘 볼 수 있지만 귀는 늘 열려 있으니 누가 무슨 말을 하든지 다 듣고 안다고 생각하기 쉬워. 그런데 그렇지 않아.

요즘에는 째깍째깍 소리를 내면서 가는 시계가 있는 집이 드물지만 예전에는 집집마다 하나씩은 있었지. 평소에는 그 시계 소리가 잘 들리지 않지만 잠이 오지 않는 날 밤이면 유난히 크게 들리곤 해. 귀가 언제나 열려 있다면 한결같이 들려야 하지 않겠어? 귀를 뜬다는 건 듣는 대상으로 마음이 간다는 뜻이야. 마음 가는 데 소리가 따라붙어.

잘 들어야 한다고 하면 흔히 '귀 기울여 듣기'를 떠올려. 그런데 나는 '귀 기울이다'라고 하면 애써 듣는다는 느낌을 지울 수 없어. 마음이 가지 않으면 애를 쓸 수밖에 없거든. 내 생각일 뿐이지만 '귀 기울인다'고 하면 힘이 있는 이가 힘이 없는 사람이 하는 말을 들어 준다거나 잘잘못을 가리려고 한다는 느낌을 받을 때가 적지 않아. 그래서 나는 '귀 기울이다'라는 말보다는 '귀담아듣다'라는 말을 즐겨 써. 그 말에는 '남이 하는 얘기나 뜻에 마음을 두다'는 뜻이 담겨 있거든. 마음을 두면 애쓰지 않아도 그 사람이 말을 잘하고 잘못하고를 떠나서 저절로 그이가 하는 말이 귀에 들어오기 마련이야.

나와 쿵작이 잘 맞는 사람 얘기만 그렇게 들으라는 건 아냐. 나를 거스르는 사람이나 하다못해 내게 돌팔매질을 하는 사람이 하는 얘기라도 귀담아들어야 해. 그 사람이 하는 말은 비록 내 귀에 거슬릴지라도 내게 무슨 말을 건넬 때는 나와 뜻을 섞겠다는 것이거든.

너희는 겪어 본 적이 없을 테지만 우리 어려서는 여자아이들이

고무줄놀이를 하며 놀았어. 그럴 때 고무줄을 끊고 도망가는 사내아이들이 적지 않았지. 걔네들이 여자아이들이 노는 꼴을 보기 싫어해서 그러는 게 아니야. 노는 아이 가운데 제가 마음에 두고 있는 아이가 있어서 짓궂게 구는 거지. 제 뜻을 결 곱게 드러내는 데 서툴러서 그랬던 거야.

말도 그래. 어떤 사람은 고무줄을 끊고 도망가는 사내아이들처럼 제 뜻을 거친 말로 드러내기도 해. 이처럼 말투가 거칠어서 듣기 거슬리더라도 말하는 사람이 뭘 말하려고 하는지 귀담아들어야 해. 그이와 뜻을 맞출지 말지는 그다음 문제이고.

그러니까 할아버지는 지금 내가 엄마 하는 말을 귀담아들어야 한다는 뜻이지? 그런데 왜 나만?

그럴 리가 있나. 엄마도 너도 나도 모두 그래야 한다는 거지. 그런데 아무리 마음을 열고 들으려고 해도 마음 귀가 작으면 남이 하는 말이 잘 들어오지 않아. 그럴 때는 어떻게 해야 하느냐고? 마음 귀를 키우면 돼. '저 사람이 왜 저런 말을 하지?' 하는 생각이나 '이래서 저런 얘기를 하는구나.' 하는 것처럼 떠오르는 생각을 내려놔. 그러고서 듣기를 거듭하면 마음 귀가 커져.

아울러 내가 제대로 들었는지를 때때로 "이렇게 들었는데 제대로 들었나요?" 하고 물어봐. 이러기를 거듭하다 보면 겉으로 드러나는 소리는 말할 것도 없이 속내도 알아차릴 수 있어. 어떤 사람이든지 제가 하는 말을 제대로 알아듣고 속내를 알아주는 사람이 생기면 이내 속살을 열어 보이곤 하지. 그때 비로소 마음을 나눌 수 있어. 엄마가 하는 잔소리가 듣기 싫을 때도 마찬가지야. '으이구, 또 잔소리를 하는구나!' 하고 진저리 치기에 앞서 엄마가 어째서 저 말씀을 하는지 곰곰이 새겨 봐. 엄마가 하는 말에 짜증이 날 때는 대개 내가 엄마 뜻에 미치지 못했거나 내가 해야 할 것을 미루고 하지 않았을 때가 많아.

마지막으로, 어떤 사람이 하는 얘기가 잘 들어오지 않거나 와닿지 않을 때가 바로 마음 귀를 키울 아주 좋은 기회라고 받아들여. 그런 다음 그 사람이 하는 말을 귀담아듣도록 해 봐. 이럴 때는 귀 기울여야 한다고 해야 맞겠구나.

# 마음 나누기가 가장 중요해

  페이스북에서 본 글이야. 포항에서 아주 센 지진이 일어난 날 어떤 분이 중학교에 가서 아이들과 얘기를 나누는데 교실이 몹시 흔들렸대. 그때 한 아이가 무척이나 걱정스러운 얼굴로 그분에게 물었다는구나.

"선생님, 거제도는 괜찮을까요?"
"거제는 왜? 누가 거기 있니?"
"아빠요. 아빠가 거기 있어요."
"아빠가 걱정되어 그러는구나."
"네."

"아빠에게 전화나 문자를 하면 어떨까? 걱정스러워하는 네 마음을 알릴 겸. 어때?"

"제가 그렇게 곰살맞은 딸이 아니에요."

이분은 아빠를 걱정하는 아이와 이런 얘기를 나누고 뒤숭숭한 마음으로 헤어졌대. 그러고 나서 일주일 뒤, 수업을 하다가 아이에게 물었어.

"지난주에, 아빠한텐 끝내 연락을 하지 않았니?"

"했죠. 어휴, 다시는 문자 하나 봐라!"

"무슨 일 있었어?"

"어휴, 속 터져요. 그날 문자 보실래요?"

아이가 건넨 스마트폰을 보고 이분도 할 말을 잃었대. 아이는 "아빠도 지진 느꼈어?"라고 살가운 문자를 보냈는데, 아빠는 글쎄 "우리나라 지진 안전지대다. 너 〈부산행〉 후유증이다. 쓸데없는 걱정 말고 공부나 해."라고 답을 했다지 뭐니.

아이는 어째서 속이 터져 했을까? 몸이 오글거리고 쑥스럽지만 제 딴엔 용기 내어 아빠를 걱정하는 말을 던졌는데, 아빠는 그런 마음을 헤아리기는커녕 공부나 하라고 제 할 말만 해 버리고 말았기 때문이야. 참 어처구니없지?

딸은 지진이 났다는 소식을 아빠에게 알려주려고 한 게 아니라 아빠가 계신 곳은 괜찮은지, 아빠에게 별 일은 없는지 걱정이 되어 문자를 보낸 거야. 그런데 이 아빠는 제 생각에 빠져 딸과 사이를 돈독히 할 수 있는 기회를 날려 버린 거지.

우리가 말을 하는 까닭은 정보 나누기 못지않게 마음을 나누는 데도 있어. 그런데 이 아빠는 마음 나누기를 놓치고 말았어. 안타까운 일이야.


예전에는 정보를 주고받는 것이 말을 하는 데서 매우 중요했어. 그러나 스마트폰이 일상이 된 요즘에는 정보가 누구에게나 열려 있지. 그러니까 마음을 나누는 것이 얘기에 으뜸가는 줄기가 된 지 오래야. 그다음이 생각 나누기이고.

# 말 잘하는 비결은 듣기에 있어

  어떻게 하면 말을 잘할 수 있을까를 두고 할아버지랑 얘기를 나누고 있는 거잖아. 그런데 왜 자꾸 잘 들어야 한다고 말하는 거야?

  텔레비전에 나오는 사람들 가운데 누가 말을 잘하는 것 같아?

  나는 유희열. 듣는 이 마음을 어루만져 주는 말을 잘해서 듣다 보면 마음이 편안해져. 얼마 전 엄마가 보는 뉴스를 잠깐 보니 손석희라는 분도 말을 잘하더라.

  그런 사람들이 말을 잘하는 비결은 뭘까? 나는 그 사람들이 열쇠말 듣기 훈련이 돼 있기 때문이라고 봐. 많은 사람을 만나서 그 사람들이 하는 얘기를 귀담아들으면 마음을 헤아릴 수 있는 힘이 생기고, 마음을 헤아릴 수 있으면 마음을 잘 나눌 수 있거든. 그런데 듣기를 훼방 놓는 걸림돌들이 적지 않아.

첫째, '사전 연습'이라는 걸림돌이야. 회의 자리에서 누가 말할 때 잘 들어야 하잖아. 그런데 사람들은 대부분 상대방이 하는 말에 어떻게 받아칠까를 떠올리며 제가 할 말을 미리 연습하느라 그 사람이 하는 말을 놓치고 말아. 말하는 사람이 하는 말을 귀담아듣지 않으니 나중에 주제에 어긋나는 얘기를 할 수밖에 없지.

둘째, '주제 이탈'이란 걸림돌을 들 수 있어. 듣고 있기 귀찮은 거야. 그러니까 "아, 됐고. 다음 얘기를 해 볼까?" 아니면 "이건 어때?" 하면서 제가 바라는 쪽으로 주제를 옮기기도 해.

셋째, '골라 듣기'란 걸림돌이야. 듣고 싶은 말은 귀에 쏙쏙 들어오는데 제 생각에 엇나가는 말에는 아예 귀를 닫고 있거나 '반사!' 하면서 튕겨 내는 거야. 나이가 들면 머릿속에 오래도록 쌓인 정치나 종교 또는 교육 성향에 따른 지식 체계, 그림이 생겨. 이게 강하면 다른 사람이 하는 얘기에 귀를 닫아 버리거나 드세게 받아쳐서 말싸움이 일어나. 어떤 문제를 여러 관점에서 바라보는 사람들이 머리를 맞대고 다양한 생각을 주고받아야 새로움이 나올 텐데 그러지 못하고 딱

두 줄기로 갈라지고 말아. 이쪽 아니면 저쪽, 검은 것과 흰 것으로만 나뉘고 중간이 없는 거지. 사실 엉뚱하다 싶을 만큼 내 생각과 다른 얘기가 나올 때 입이 근지럽더라도 끝까지 입을 다물고 듣는 것이 새로움과 만나는 좋은 기회일 수 있어.

이 세 가지 걸림돌을 뛰어넘으려면 어떻게 해야 할까?

첫째, 귀담아들어야 해. 열쇠말은 '집중'. 회의를 할 때도, 개개인이 얘기를 나눌 때도 마찬가지야. 오롯이 말하는 이에게 주의를 기울이는 힘을 갖춰야 해.

둘째, 귀담아듣기를 넘어서서 온몸으로 들어야 해. 열쇠말은 '반응'이야. 눈을 마주치고 고개를 끄떡거리고 말하는 얼거리를 적바림하면 말하는 사람으로서는 기분 좋은 일이 아닐 수 없어. '반응'이라고 하면 2000년 광복절 서울 코엑스에서 있었던 이산가족 상봉 때가 떠올라. 이날 50여 년 만에 만나는 남북 이산가족들이 가슴이 벅차 말을 잇지 못하는데도 방송사 아나운서와 기자 들은 마구 마이크를 들이댔어.

이렇게 이산가족들 마음을 헤아리지 못하는 인터뷰가 여기저기서 펼쳐지는 가운데 유독 한 사람만이 바닥에 무릎을 꿇고 상봉하는 식구들에게 방해되지 않도록 기다렸어. 그러다 식구들이 말을 멈추

고 틈이 날 때 살짝 다가가 무릎을 꿇고 이산가족을 올려다보면서 한 두 마디 묻곤 했지. KBS 이금희 아나운서였어. 뒤에 어떤 이가 왜 무릎을 꿇고 방송을 했느냐고 물었대. 그랬더니 "50년 만에 식구들이 만나는데, 그분들에게 감정이 어떠냐고 물어보는 것이 방송이긴 하지만 너무나 잔인한 것 같았어요. 아울러 내가 방송을 하려고 그분들에게 끼어드는 것이 결례라고 생각했지요. 더구나 내가 내려다보며 그분들이 쳐다보도록 하는 것은 있을 수 없다는 생각이 들어서 자연스럽게 무릎을 꿇게 되었어요."라고 답했다는구나.

얘기 들을 때는 상대가 하는 얘기에 집중하며 공감하고 반응하는 게 좋아. 가장 으뜸가는 반응은 확인하기야. 이렇게 하는 거야. "내가 이렇게 들었는데 이게 맞아?" 이렇게 상대가 한 얘기를 간추려서 확인하면 상대방은 '얘가 내 얘기를 듣고 있구나!' 하는 생각이 들어서 훨씬 더 많은 얘기를 풀어놓게 돼.


셋째, 마음으로 들어야 해. 열쇠말은 '인정'이야. 말하는 사람 뜻에 맞추라는 게 아냐. 우리는 서로 살아온 바탕이 다르기 때문에 그러기는 쉽지 않아. 그러나 나와 다르다고 받아들이는 그 지점에서 그 사람을 받아들일 수 있게 돼.

'인정認定'이라는 낱말 앞 글자 '알 인'은 '말씀 언'과 '참을 인'이 모여 빚었으니 '말하기를 참는다'는 뜻이야. 뒤 글자 '정할 정'에는

'마음을 한곳으로 모아 움직이지 않는다'는 뜻이 담겼대. 합치면 '말하기를 참고 마음을 한곳으로 모아 귀담아들으면 인정할 수 있다'는 뜻이야. 재미있지?

# 말에 매달리지 말고 여겨듣기

�́ 세 사람이 사탕 열여덟 개를 나눠 가지면 한 사람이 몇 개를 가질 수 있을까?

👧 여섯 개.

👵 그래? 그럼 세 사람이 사탕 열여덟 개를 똑같이 나눠 가지면 한 사람이 몇 개를 가질 수 있을까?

👧 아까랑 같은 문제 아니야?

아냐. 아래 있는 문제 답은 마땅히 여섯 개야. 그렇지만 위에 있는 문제 답은 한 개일 수도 있고, 여섯 개일 수도 있어. 그냥 나눴다는 거지 똑같이 나눈 게 아니니까. 이렇게 '똑같이'라는 말을 써 주고 나눌 때만 나눗셈이라고 해. 다시 말해서 나눗셈은 그냥 나누는 게 아니고 똑같이 나누는 것을 가리키는 말씀이야. 그런데 이런 중요한 개념이 연산 훈련을 하는 동안 사라져. 그래서 문제를 받아 드는 순간 '18 나누기 3'부터 하고 있는 거지. 저절로 나오는 게 빠르긴 한데 정확하지는 않을 수도 있다는 걸 놓쳐서는 안 돼.

이처럼 맥락을 잡지 못하면 실수를 하고 말아. 그러지 않으려면 어떻게 해야 할까? 말하는 사람이 어떤 뜻에서 그 말을 꺼냈는지 주의 깊고 차분하게 여겨들어야 해. 그러지 않으면 놓인 형편을 제대로 헤아리지 못하고 곁길로 빠지고 말아.

여기 미숫가루를 탄 물 한 그릇이 있어. 두 사람이 나눠 먹으려면 어떻게 해야 할까? 이 말을 들으면 아까와 같이 사람들은 저절로 똑같이 반으로 나눠야 한다고 생각을 해. 그래서 어떻게 하면 정확하게 나눌 수 있을까를 고민하지. 저울을 가져다가 달아 보면 좋겠지만 저울이 없을 때도 많고 저울이 있다고 해도 번거로워. 그러니까 두 사람 가운데 한 사람이 둘로 나누고 나머지 한 사람이 이 가운데 마음에 드는 것을 골라서 마시도록 해야 치우치지 않는다고 여겨. 나눈다는 데 매달리다 보니 나온 답이지.

그러나 현실에서는 반드시 이렇게 나누지는 않아. 이를테면 언니가 아우한테 말해. "아우야, 네가 먼저 마셔. 나는 네가 먹고 남은 것을 마실 테니, 네 양껏 마셔도 좋아." 그러면 아우가 "그래? 그럼, 내 양껏 먹을 게." 하고 벌컥벌컥 들이킬 수도 있어. 이와 달리 채 반을 마시지 않을 수도 있지. 이때 언니는 나머지를 다 마시지 않고 조금 남겨 두고는 "남은 건 네가 다 마셔."라고 할 수도 있고.

그런데 만약 언니가 하루 내내 굶고 아우는 한 끼를 굶었다면 얘기가 달라지지 않겠어? 아마 어떤 아우라고 해도 언니가 다 마시라고 하면서 물러났을 거야. 나눈다는 데 매달리지 않으면 이와 같이 여러 가지로 나눌 수 있어. 말하기에 앞서서 둘레를 살피고 깊이 생각해야 하는 까닭이 여기에 있어.

# 아이가 겪는 어둠은 몰랐어요

연말이라 몹시 북적이던 어느 날이었어. 너댓 살쯤 되어 보이는 아이가 엄마 손을 잡고 앞서 가더구나. 귀엽다는 생각을 하며 따라 걷는데 갑자기 아이가 엄마에게 잡힌 손을 쑥 뺐어. 아이 손을 놓친 엄마가 화들짝 놀라 가지고 얼른 다시 잡더라고. 그런데 얘가 얼마 가지 않아서 또 엄마 손을 뿌리치는 거야. 이내 짜증 섞인 엄마 목소리가 터졌어.

"얘가 왜 이래? 잃어버리면 어쩌려고."

엄마가 다시 아이 손을 움켜쥐고 길을 재촉하려는데 지나가던 할머니 한 분이 "애기 엄마, 아이가 팔이 저려서 그러는 게 아닐까 싶은데…." 하셨어. 엄마가 아이한테 "팔이 아파?" 하고 물었어. 고개를 끄떡이는 아이 눈에 눈물이 그렁그렁 어리더구나. 엄마는 "말을 하지, 아프다고." 하면서 아이 팔을 주물러 주더라고. 아무리 제가 낳은 아이라 해도 아이 몸짓을 다 알아차릴 수는 없어. 팔만 저렸을까? 눈길도 어른 엉덩이에 가로막혀 답답했을 거야.

내가 어려서 식구들하고 나들이를 할 때 사람들이 북적이는 데에 가면 아버지는 늘 목말을 태워 주셨어. 목말을 타면 팔이 저리지도 않을뿐더러 앞이 툭 트여 답답할 일도 없었지. 큰 사람 어깨 위에 올라가 보면 볼 둘레가 트인다는 걸 그때 처음 알았어.

여기에서 교훈을 얻었을 수 있어. 먼저 누가 생각지도 않은 짓을 하거나 엉뚱한 말을 건넬 때 "왜 그래!" 하고 목청을 높이기보다 '왜 그러지?' 하고 까닭을 살펴야 한다는 거야. 또 저와 다른 처지에 있는 사람 마음을 헤아리기 어렵다는 것도 알아야 하고. 그러니까 어려움에 놓이거나 힘겨울 때 누가 알아주기를 기다리지 말고 견디기 힘들다고 털어놔야 하겠지?

앞을 보지 못하는 조각가가 마련한 전시회에 간 적이 있어. 전시장 문을 열고 들어갔는데 칠흑같이 캄캄했어. 조각을 손으로 더듬으면서 앞이 보이지 않는 이들이 겪는 어려움을 겪어 보도록 일부러 그런 거야. 조각품은 대부분 머리였어. 그런데 아무리 더듬어도 어떤 표정을 짓고 있는지 도무지 떠오르지 않는 거야. 그때 앞이 보이지 않는 조각가가 이런 조각을 하기까지 얼마나 힘들었을까 하는 마음이 들더구나. 전시장을 나오니 전시물 사진이 붙어 있었어. 그제야 '아, 내가 더듬은 것이 저런 표정을 하고 있구나!' 하고 알았지. 그 옆에 전시를 본 사람들이 적어 놓은 글이 빽빽이 붙어 있더구나. 그 가운데 하나가 내 발길을 묶어 세웠어.

"저는 시각장애를 가진 아이 엄마입니다. 저는 그동안 제 아이를 아주 잘 헤아린다고 생각했어요. 그런데 오늘에서야 제가 아이를 전혀 이해하지 못하고 있었다는 걸 알았어요. 저는 제 힘든 것만 알았지 아이가 겪는 어둠은 몰랐어요. 눈을 뜨고 아이 모습만을 살피려고 했지, 아이와 함께 어둠 속에 있은 적은 없었어요."

앞을 보지 못하는 아이가 안타까워 애면글면하는 엄마도 아이 처지를 다 헤아리지 못하는데 누가 누구를 헤아릴 수 있겠어. 말하기는 상대방 처지를 헤아리려고 애쓰는 바탕에서 풀어 가야 해. 거기다가 몸짓, 그러니까 이웃이 하는 몸말을 여겨들을 줄 알아야 더 옹글어져.

# 잘 알지도 못하면서

🙂 얼마 전에 슬픈 얘기를 하나 들었어. 이 얘기를 할아버지한테 들려주고 싶어. 말할 때 잊지 말아야 할 중요한 가르침이 얘기 속에 들어 있는 것 같거든. 한번 들어 볼래?

👨 벼리가 들려줄 얘기가 있다니 무엇인지 궁금해서 귀가 쫑긋하는걸.

🙂 헤헤. 그럼 시작한다.
부부 한 쌍이 어린 딸을 데리고 유람선을 타고 가다가 사고로 배가 가라앉게 됐대. 그런데 구명정에는 남은 자리가 하나밖에 없었어. 남편은 아내를 배에 남겨 두고 딸을 안고 구명정에 올랐어. 아내는 침몰하는 배에서 남편에게 소리를 질렀대. 안타깝게도 아내를 태운 배는 가라앉았고, 사람들은 남편이라는 사람이 어떻게 저럴 수 있느냐고 수군거렸지.

집으로 돌아온 남편은 딸을 잘 키웠어. 여러 해가 지나 딸이 어른이 되었을 때, 이 남편은 병이 들어 시름시름 앓다가 죽고 말았어. 사람들은 남편이 천벌을 받은 거라고 뒷말을 했어.

그러던 어느 날 아빠 유물을 정리하던 딸이 아빠가 쓴 일기장을 찾았어. 일기장에는 아빠와 엄마가 여행을 갔을 때 엄마는 이미 고칠 수 없는 중병에 걸려 있었다는 얘기가 담겨 있었어. 엄마가 세상을 떠나기에 앞서 그토록 바라던 가족 여행을 했던 거지. 때마침 사고가 일어났고 구명정에는 자리가 하나밖에 없는지라 아빠는 어쩔 수 없이 엄마를 침몰하는 배에 둔 채 딸을 안고 구명정에 올라탄 거야. 그렇지만 아빠는 엄마에게 늘 미안해했지.

"당신과 딸을 구명정에 태우고 싶었지만 그럴 수가 없었어. 사랑하는 우리 딸을 키워야 하잖아. 당신 혼자 깊고 깊은 바닷속에 잠들게 해서 미안해, 여보."

이 얘기에는 반전이 또 하나 있어. 배에 남은 아내가 남편에게 외친 마지막 말이 "우리 딸을 부탁해요."였다는 거야.

네가 들려준 슬픈 얘기처럼, 세상일은 겉으로 드러나는 것이 다가 아닐 때가 많아. 그래서 속내를 잘 알지도 못하면서 함부로 말해서는 안 되는 거지.

그런 것 같아. 나도 동무 모르게 뒷말을 하는 때가 가끔 있는데, 동무 말을 먼저 잘 들어 봐야겠어.

# 말을 좀 웅얼거리면 어때

🙂 우리 반에 몸놀림이 느리고 기어들어 가는 목소리로 웅얼거리듯이 말하는 애가 있어. 걔가 하는 말을 듣다 보면 속이 터져. 느리기만 한 게 아니라 도대체 무슨 말을 하는지 알아듣기가 어렵거든. 다른 애들도 나랑 비슷한 느낌인가 봐. 걔랑 말 섞는 걸 좋아하는 애가 없는 눈치야.

🙂 듣기가 쉽지는 않겠지만 좀 웅얼거리면 어때? 몸놀림이 굼뜨고 말이 어눌하다고 해서 생각이 다른 아이에 미치지 못하는 건 아냐. 내 가까이에는 뇌병변 질환을 안고 태어난 젊은이가 있어. 휠체어를 타고 다닐 만큼은 아니지만 팔다리가 뒤틀리고 움직임이 굼뜨며, 쉬운 말 몇 마디를 빼고는 알아듣기가 쉽지 않아. 그렇지만 이 젊은이

는 다른 사람보다 생각이 더 깊어. 어려서 말이 늦되는 아이는 생각이 깊다는 얘기가 딱 맞는 셈이지.

그렇더라도 답답하고 얘기가 잘 안 통해서 불편한 건 사실이잖아. 할 일도 많고 재밌는 것도 많은데 꼭 걔하고까지 얘기를 나눠야 해?

네 마음은 물론 이해하지. 그러나 벼리야, 어쩌면 우리는 빠른 것에만 너무 익숙해진 나머지 느리더라도 좋고 가치 있는 것들에 소홀하거나 거칠게 하고 있는 건 아닌지 모르겠구나.

나무늘보 알지? 움직임이 느릿느릿하다고 해서 게으름뱅이라고 알려진 나무늘보는 하루에 보통 열여섯 시간이 넘도록 나뭇가지에 거꾸로 매달려 줄곧 잠만 자. 일주일에 한 번 똥을 누는데 의례라도 치르듯이 살그머니 나무 아래로 내려와서 조용히 누고 아주 느릿느릿 다시 나무로 올라가지.

나무늘보가 들어 있는 젖먹이동물류는 새와 더불어 동물들 가운데 빨리 움직이며 살아가고 있어. 사람이 그 본보기지. 젖먹이동물류가 부지런하게 움직이며 살아갈 수 있는 힘은 높은 체온에서 나온대. 그런데 높은 체온을 이어 가려면 먹이라는 땔감을 때맞춰 넉넉히 먹어야 해. 나뭇잎을 먹고 사는 나무늘보는 잎에는 영양이 많지 않아서 아주 많이 먹지 않으면 안 됐어. 늘 좋은 잎이 달린 나무를 찾아 이리 저리 바삐 옮아가며 부지런히 먹지 않을 수 없었지.

문제는 움직임이 많다 보면 호시탐탐 목숨을 노리는 목숨앗이(천적)들 눈길에서 벗어나기 쉽지 않다는 거야. 그래서 나무늘보는 부지런히 움직이며 많이 먹기보다 덜 먹으면서 천천히 살아가는 쪽으로 나아갔어. 그러려면 체온을 많이 낮춰야 했지. 오랜 몸부림 끝에 여느 젖먹이동물류 체온보다 한참 낮은 32.7℃로 만들 수 있었어. 나무늘보는 적이 알아차리지 못하도록 하려고 숨도 아주 느리게 쉰데. 그리고 아주 적게 먹다 보니 나뭇잎이 깡그리 사라지지 않게 되었어. 하루에 나뭇잎을 세 개밖에 먹지 않는대! 중남미 숲이 우거지는 데 나무늘보가 톡톡히 한몫했다는구나.


말이 어눌한 아이 가운데 생각이 트이지 않은 아이도 없지는 않고, 몸이 굼뜬 아이 가운데 몸이 약한 아이도 없지 않을 거야. 그렇다고 해서 그런 아이를 깔보거나 따돌려서는 안 돼. 개에 견줘 많은 혜택을 받고 태어난 너희들이 그 아이가 하는 말을 귀담아들으려고 애를 써야지, 말이 어눌한 아이한테 말소리를 잘 알아들을 수 없으니 또렷하게 말을 하라고 다그쳐서는 안 돼. 개가 하는 말을 귀담아들으려고 마음을 기울이면 어느 순간 그 아이 말이 네게 와닿을 거야. 나도 아까 얘기한 뇌병변 장애를 가진 젊은이를 중학생 때부터

알아 왔는데, 처음에는 알아듣지 못하겠더니 마음을 모으며 듣다 보
니 잘 들리더라고.

더구나 우리는 말로 뜻을 나눈다고 생각하지만 뜻을 나누는 데 말
이 차지하는 비중은 10퍼센트 안팎이라고 하더구나.

말이 하나도 통하지 않는 외국으로 여행을 가더라도 손짓 발짓으
로 대충은 뜻을 나눌 수 있다는 건 그 때문이었구나. 조금 더 마음을 기
울이면 될 것을 잘 알아듣지 못하겠다는 생각에 매여 지레 걔 탓을 하는
건 아닌지 돌아봐야 할 것 같아.

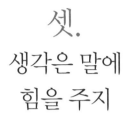

셋.
생각은 말에
힘을 주지

# 나를 뭐라고 알려야 하지?

🙂 누구를 처음 만나 인사를 할 때 나를 뭐라고 소개해야 할지 망설여질 때가 많아. 그러나 새뜻하게 떠오르는 게 없어서 이름을 밝히고 학교와 학년을 얘기하고 말아. 나를 뭐라고 알려야 하지?

🧑 사람들과 인사 나누기를 너보다 엄청나게 많이 했을 나도 다를 바 없어. 사람은 스스로 무엇이라고 이름 짓는 데 따라 달라져. 사람 이름은 대부분 어버이가 '내 아이는 이런 사람이었으면 좋겠다'는 바람을 담아 지어 주지. 그러나 웬만큼 자라서 철이 들면 스스로 이름을 지어야만 해. '나는 이런 사람'이라거나 '이렇게 되고 싶다'는 바람이 담긴 이름.

네 이름 '벼리'에는 세 가지 뜻이 담겨 있어. 먼저 하늘에 뜬 별을 가리키면서 "별이야." 하는 걸 소리 나는 그대로 '벼리'라고 했어. 여기에 '무엇에 뼈대를 이루는 줏대'라는 뜻과 '연장을 단단하게 만들려고 쇠를 불로 달궈서 망치로 두드리다'는 뜻을 아울러 담았어. 어디까지나 '네가 이런 사람이었으면 좋겠다'는 바람을 담아 내가 지은 이름일 뿐이야. 앞으로는 네가 어떻게 살아가고 싶은지 잘 떠올려 새겨 보고 너를 알릴 이름을 새롭게 지었으면 좋겠구나. 꼭 이름을 바꾸어야 한다는 말은 아니야.

나는 '살림 연구가'라고 스스로 이름을 이었거든. 어떤 이를 처음 만나 인사를 나눌 때 "저는 '평화는 살림' 또는 '대화는 살림'을 공부지어 사람 사이가 좋아지기를 바라는 사람입니다."라고 알려. 경영자들을 만나면 "저는 '경영은 살림'이라고 받아들이며 살아가는 사람입니다." 하고 인사드리기도 해.

내가 우러르는 법정 스님은 '나는 누구일까?'를 스스로 물어야 한다고 하시면서 "제 속 얼굴이 드러나 보일 때까지 묻고 묻고 또 물어야 한다. 건성으로 묻지 말고 목소리 속의 목소리로 귓속의 귀에 대고 간절하게 물어야 한다. 해답은 그 물음 속에 있다."고 하셨어.

먼저 앞으로 네가 참으로 하고 싶은 일을 하나하나 떠올리면서 새겨 봐. 무엇이 가장 네 가슴을 설레게 할 만큼 끌리는지. 떠올리기만 해도 설레는 것을 꺼내어서 "무엇을 공부하는 사람입니다. 또는 뭘 하려고 하는 사람입니다." 하면서 인사를 해도 좋겠구나. 아직 가슴이 뛸 만큼 좋은 걸 찾지 못했다면 그나마 끌리는 것을 공부하려고 하는 사람이라고 말해도 괜찮아. 그렇게 살아가다가 어느 순간 '이거다!' 싶은 게 떠오를 때가 있거든. 그러면 머뭇거리지 말고 그 길을 따라가면 되는 거야.

이때 '무엇이 되려는 사람'이라기보다는 '무엇을 하려고 하는 사람'이라고 드러내는 것이 좋다는 걸 놓치지 말아야 해. 내가 설레고 끌리는 것을 기쁜 마음으로 하기는 힘이 별로 들지 않아. 그런데 무엇이 되겠다, 뭘 꼭 이루고야 말겠다고 생각하는 순간부터 마음이 급해지면서 서두르게 되지. 억지로 뭘 하려다 보면 저절로 어깨에 힘이 들어가. 노래하고 춤추기를 좋아한다면 틈 날 때마다 노래하고 춤추면 즐겁잖아. 생각만 해도 기쁘고. 재미있게 누리다 보니 여기저기서 노래를 잘한다커니 춤을 잘 춘다커니 하면서 흥을 돋우어야 하는 자리에 불려 다니다가 자연스럽게 가수가 될 수도 있겠지. 그런데 방탄소년단 같은 가수가 되겠다고 생각하는 순간, 죽기 살기로 연습해야 한다는 부담이 몰려들어.

이런 시가 있어.

무엇이 될꼬 하면,

늘 고달파

무엇을 할꼬 하면,

늘 즐거워

말만 떠올려도 설레고 끌리는 것을 하는 게 좋지, 무엇이 되려고 기를 쓰는 것은 즐겁지 않다는 말이야. 뭘 배우거나 연구하는 사람을 한자로 '학자'나 '연구자'라고 불러. 교수나 연구소에 다니는 사람만 학자나 연구원이 아니라는 말이야. 말에 담긴 뜻을 제대로 헤아리지 못하고 남이 쓰는 대로 이끌려 쓰며 살면 저다운 삶, 저답게 말하기를 놓칠 수밖에 없어. 나는 교수도 아니고 연구소에 다니는 박사도 아니지만 스스로 연구하는 사람이라고 생각해. 스스로 제 이름을 지을 때 비로소 앞길이 트여.

# 이름 짓기에 따라 달라지는 생각 틀

이름 짓기는 스스로에게만 쓸모 있는 건 아냐. 무슨 일을 하든 그 일에 이름을 어떻게 지어 붙이느냐에 따라 결과가 달라지고는 해.

미국 물류 서비스 회사 피아이이PIE는 배송 기사 부주의로 해마다 25만 달러나 손해를 봤어. 그 가운데 56퍼센트가 컨테이너 물품을 제대로 분류하지 않은 데서 비롯했지. 그래서 품질 관리 전문가에게 하소연했어. "어떻게 하면 좋겠습니까?" 이 사람은 단박에 "오늘부터 배송 기사들을 모두 물품 분류 전문가라고 부르세요!"라고 했다는구나. 그렇게 했더니 배송 오류에서 일어난 손해 비율이 56퍼센트에서 10퍼센트로 한 달 만에 뚝 떨어졌대. '기사 아저씨'에서 '물품 분류 전문가'로 이름만 달라졌을 뿐인데 말이야. 놀랍지?

　한때 학교 급식을 놓고 입씨름이 벌어진 적이 있어. 집이 가난한 사람에게만 주어야 한다커니, 가난한 아이들에게만 주다 보면 이 아이들이 가난하다는 것을 나서서 알리는 꼴이 되니 골고루 주어야 한다커니 하고.

　그때 정부에서는 가난한 아이들만 골라서 급식을 하자고 했어. 부잣집 아이들에게도 급식을 주는 건 세금 낭비라는 거야. 그러면서 꺼내 든 말이 '무상급식'이었어. 급식이 마치 어떤 일을 하고 나야만 먹을 수 있는 것이라고 여겨지도록 몰고 간 말이지. 그걸 먹는 아이들이 아무것도 하지 않고 얻어먹는 것 같도록 한 거야. 돈을 내고 타야 하는 버스를 공짜로 타고 가려고 생떼를 쓰는 것과 같은 인상을 심어 줬단 말이야. 아주 그릇된 말인데, 이것이 옳지 않다고 드잡이하는 야당에서도 '무상급식'이라는 말을 생각 없이 따라 썼어. 그러다 보니 여느 시민들 머릿속에도 세금을 마구 낭비한다는 인식이 들어앉고 말았지.

　사실 우리 사회에서 세금으로 하는 일이 참 많아. 은행이 무너지지 않도록 해서 금융 제도를 이어 가는 데에도 세금이 쓰이고, 주식 거래 규제를 만드는 데도 주식과 상관없는 우리가 낸 세금이 들어갔어. 길을 닦는 데는 물론이고, 인터넷도 세금으로 개발했다는구

나. 스마트폰을 쓸 수 있도록 하는 위성통신 체계도 세금으로 만들고, 도시는 물론 시골에서도 전기를 쓸 수 있는 것은 우리가 낸 세금으로 전기 기반 시설을 세웠기 때문이야. 입법, 사법, 행정 제도를 운영하는 데 들어가는 돈도 대부분 세금에서 나가. 이런 사람들이 아이들이 먹는 급식을 '무상'이라고 하면서 쌍심지를 돋우며 나오다니 말이 돼?

우리나라에서 초등교육을 의무교육으로 한 지는 70년 가깝고, 중등교육까지 의무교육을 한 지도 15년이 넘었어. 집안이 넉넉한 아이가 초등학교 수업료를 내지 않는다고 해서 아무도 시비를 걸지 않잖아. 무상급식 논리대로 하면 무상교육이라고 하면서 이것도 가난한 집 아이들만 돈을 받지 않고 넉넉한 집 아이들에게는 돈을 받아야 한다고 나서야 하지 않겠어?

교육을 의무라고 하여 누구나 받도록 한 건 벌이가 많고 적고를 떠나 모든 사람이 골고루 누려야 한다고 여기기 때문이야. 몸이 튼튼해야 교육을 받을 수 있는 힘이 생기니까 급식도 초·중등 교육 가운데 하나라고 봐야지. 만약에 야당이 무상급식이라는 틀을 벗어 던지고 의무교육 안에 들어 있는 '의무급식'이라고 받았다면 어땠을까?

# 왜 물어봐야 해?

👧 어제 옆집 언니가 말하기보다 묻는 게 더 중요하다고 하더라고. 그러면서 뭐라고 했는데 응얼거리듯이 말을 하는 바람에 무슨 말인지 알 수 없었어. 근데 왜 물어봐야 해?

👴 어떤 말을 듣고 잘 알아들을 수 없다면 그 자리에서 알아듣도록 다시 말해 달라고 해야 해. 사람들이 뭘 묻는 까닭은 여러 가지가 있어. 먼저 제가 모르는 것을 묻지. 어떤 일이 일어났다는 얘기를 듣고 나서 그 일이 어째서 일어났는지 궁금해서 물어보기도 해. 저는 알고 있으면서 이웃이 알 수 있도록 하려고 묻기도 하고. 또 나도 모르고 너도 모를 때 더불어 답을 찾으려고 던지는 물음도 있어.

그런데 어떤 물음이든지 삶과 맞닿고, 살림과 맞닿아 있어. 왜 그럴까?

사람이 살아가는 데 없어서는 안 되는 것에는 농사짓기와 짝짓기, 집 짓기와 옷 짓기가 있어. 먹지 않고 살아갈 수 있는 사람은 없으니까 농사를 짓지 않고서는 먹고살 수가 없겠지? 아울러 집이 없거나 옷이 없으면 비바람이나 추위, 더위를 막을 수 없어. 그런데 나는 이 나이 먹도록 농사는 물론 집이나 옷도 지은 적이 없어. 다 다른 사람이 지은 것을 먹고 쓰고 살아왔지. 이처럼 이웃하는 다른 사람 손을 빌리지 않고서 살아갈 수 있는 사람은 없어. 그러니까 서로 도우며 살아가려면 말을 주고받지 않을 수 없고, 묻지 않을 수 없지.

부처님이 살아 계실 때 인도에서 작은 강을 사이에 두고 술에 취한 코끼리들이 줄지어 늘어서고, 재갈을 물린 말들이 금방이라도 뛰쳐나갈 듯 맞섰어. 카필라 국과 콜리야 국 군대야. 그때, 강둑을 거슬러 전장 한복판으로 스님이 한 분 걸어 들어와. 부처님이었어. 팽팽히 시위를 당겼던 궁수들이 활을 내려놓고 길 위에 엎드렸어. 땅 위에 휘몰아치던 함성과 먼지가 한순간 가라앉았지. 부처님은 두 나라 왕족에게 물었어. "친척끼리 왜 싸우십니까?" 그 사람들이 답했지. "저들이 우리를 개돼지라고 모욕했습니다." "대추나무에 둥지를 튼 문둥이라고 한 건 당신들이요."

부처님은 높아지는 말소리를 가로막으며 다시 물어. "자자, 어째서 그런 말이 오가게 됐습니까?" 한 사람 한 사람 돌아가며 물었지만 누구도 까닭을 알지 못했어. 장군들에게 물었으나 그이들도 까닭을 알지 못하기는 마찬가지였어. 물어 물어 가던 부처님은 마침내 싸움이 논에 물을 대던 농부들 사이 다툼에서 비롯됐음을 알아차렸지. 가뭄이 들어 논에 댈 물이 모자라 서로 싸움이 붙었던 거야.

내막을 듣고 난 부처님이 다시 왕족들에게 물었어. "강물과 사람 목숨 가운데 어느 쪽이 더 소중합니까?" "그야 사람 목숨이 훨씬 소중하지요." "그런데도 물 때문에 사람 목숨을 던져, 말라 버린 강바닥을 피로 채우겠단 말씀입니까?" 카필라 국과 콜리야 국 왕족들이 머리를 숙였어. 부처님은 목소리를 누그러뜨리고 사람들을 가까이 불러 모아. 칼과 창을 던지고 몰려든 군사들에게 부처님은 이렇게 말씀하셔.


"피를 나눈 언니 아우끼리 살갑게 보듬어야 합니다. 저 히말라야 숲을 보세요. 모진 바람이 불어도 수많은 푸나무 덤불과 바위가 서로 뒤엉켜 받쳐 주기 때문에 무엇 하나 다치지 않소. 그렇지만 들판에 홀로 선 나무는 굵은 가지에 잎이 우거졌어도 태풍이 휩쓸고 가면 뿌리째 뽑히고 만다오. 푸나무도 함께 어울려야 위험에서 벗어날 수 있음을 아는데, 하물며 사람이겠습니까? 서로 으르렁대다가 거칠고 드센 큰 나라가 쳐들어오면 두 나라가 다 무너지고야 말아요. 도 타이 손을 마주 잡고 평화를 일궈 가세요."

부처님이 전쟁이 일어난 과정을 물으며 차근차근 까닭을 밝혀 가 는 모습을 머리에 담아 두면 좋아. 그랬다가 갈등에 맞닥뜨렸을 때 직접 그렇게 해 보는 거야. 어떤 일이 벌어졌을 때 그 일이 일어난 까 닭을 알면 엉킨 실타래를 풀기가 한결 쉬워지거든.

# 뭘 어떻게 물어봐야 할까

👧 할아버지, 요즘에도 물음으로 목숨을 살린 일이 있을까? 어떻게 물어야 그럴 수 있어?

👴 여러 해째 내전에 시달리며 수백만 명에 이르는 난민을 낸 시리아 얘기는 너도 들었지? 몇 해 전에 정부군이 화학무기를 뿌려 대는 바람에 시리아 사람 1천여 명이 숨을 거뒀어. 여러 나라들이 앞다퉈 시리아가 살상 무기를 내려놓아야 한다고 나섰어. 미국 하원은 시리아를 공중폭격 하기로 하고 상원 비준을 기다리고 있었지. 그때 미 국무장관이 기자회견을 했어. "공습은 언제 이뤄집니까?" "피해가 얼마나 될까요?" "시리아가 맞대응할 거라는 생각은 하지 않습니

까?" 이런 물음이 이어지고 긴장감이 흐르는데 어느 기자가 조용히 손을 들었어.

"저, 조금 결이 다른 물음인네요. 어떻게 하면 시리아가 공습을 받지 않을 수 있을까요?"

기자회견장은 찬물을 끼얹은 듯 조용해지고, 이 심각한 때에 무슨 얼토당토않은 말이냐는 듯 비웃음마저 터져 나왔어. 한참을 잠자코 있던 장관이 이윽고 말문을 열어.

"시리아가 가지고 있는 살상 무기를 다 내놓는다면 공습은 없을 겁니다. 그런데 시리아 대통령이 그렇게 할지는 모르겠군요."

몇 시간 뒤 러시아 외교장관이 긴급 기자회견을 열어. "시리아에 바랍니다. 가지고 있는 살상 무기를 국제기구 감시 아래 차차 없애기 바랍니다." 이어서 시리아 외교장관이 기자회견을 해. "러시아가 내놓은 뜻을 받아들여 바람직한 쪽으로 깊이 짚어 보겠습니다." 이틀 뒤 오바마 미국 대통령은 시리아 공습을 하지 않겠다고 연설했어.

일촉즉발로 치닫던 공습 위기를 벗어날 물꼬를 튼 건 협상도 전쟁도 아닌 물음 하나였지. 기자들은 앞다퉈 기사를 보냈어. "수백만 명을 살린 미국 기자" "그이를 비웃은 자 누구인가?" "진정한 외교를 알리다!"

주인공은 CBS 앵커이자 기자인 마거릿 브레넌이야. 그이에게 그 긴박했을 때 어떻게 그렇게 물을 수 있었느냐고 물었더니 이렇게 말하더래.

"참으로 제가 공습을 막았을까요? 글쎄요… 그냥 궁금했습니다. 애먼 사람들이 죽어 나가는 것을 막을 길은 없는지."

'애먼 사람들이 죽어 가는 걸 막을 수는 없을까?' 하는 걱정 어린 마음이 "어떻게 하면 시리아가 공습을 받지 않을 수 있을까요?" 하고 물을 수 있도록 만들었지. 살림 씨앗 같은 물음이 아닐 수 없어.

이토록 힘이 큰 물음은 아무 생각 없이 하루하루 그럭저럭 살아가는 데서 나오기 어려워. 잘 알지 못하면 물을 수 없고, 어떻게 살아야 참다운지 하는 줏대가 서 있지 않고서는 힘들어. 살아가면서 끊임없이 '이건 왜 이럴까, 저건 어째서 저럴까?' 하고 거듭 고민해야만 이런 물음이 나올 수 있어. 호기심이 일어날 때 스쳐 버리지 말고 바로 묻거나 자료를 찾아보는 버릇을 길러야 해. 삶을 살피고 또 살피며 깊이 들여다보고 또 들여다보다 보면 '어째서 저렇지?' 하는 물음이 저절로 터져 나오지 않을까.

# 잘 물어야 좋은 답이 나와

우리가 말을 하게 된 까닭은 살고 살리려는 데 그 뜻이 있다고 했잖아. 어떤 것이 살고 살리려는 물음이며 어떻게 해야 그런 물음을 가질 수 있어?

쉽지 않은 물음인데, 음… '거꾸로 생각하기'가 있지. 다른 사람들이 흔히 생각하는 것과 달리 물어보는 거야.

공산주의 나라인 베트남은 1980년대 후반에 집단농장을 풀어 집집마다 땅을 나눠줬어. 이러는 가운데 의료 체계가 무너지고 농사짓기도 제대로 되지 않아 어수선했대. 사람들이 굶주림에 시달린 나머지 세 살이 채 되지 않은 어린아이들 가운데 63퍼센트가 영양실조에 걸렸다는구나.

이 소식을 들은 국제 아동권리 기관 '세이브 더 칠드런'은 미국 터프츠 대학교 영양학 교수 제리 스터닌과 아내 모니크를 베트남으로 보냈어. 이 부부가 베트남을 찾았을 때는 마침 미국 정부가 베트남 정부를 압박하려고 베트남과 무역을 하지 못하도록 막고 있을 때였지. 미국 단체를 마뜩지 않게 여긴 베트남 관리들은 여섯 달 안에 문제를 풀지 못하면 돌아가야 한다고 을러댔어. 비영리 단체가 낯선 나라에 가서 일할 기틀을 닦는 데만 한 해 남짓 걸린대. 그런데 여섯 달 만에 성과를 내지 못하면 떠나라니, 더구나 부부는 베트남을 알기는 커녕 베트남 말조차 하지 못했는데. 그렇다고 해서 부부는 아이들을 어떻게든 살려야 한다는 뜻을 접을 수는 없었지.

고민하던 부부는 아이들 영양실조 비율이 높은 마을에 찾아갔어. 하나하나 까닭을 짚어 가며 엄마들하고 얘기를 나누던 끝에 부부는 이렇게 물었어.

"혹시, 찢어지게 가난한데도 여느 아이보다 몸집이 크고 튼튼한 아이가 있나요?"

찾아보니, 가난한 집에서 자라면서도 튼튼한 아이들이 있었어. 부부는 몇 되지 않는 이 튼튼한 아이들에게서 남다른 몇 가지를 찾아냈지. 영양 상태가 좋지 않은 아이 엄마는 아이에게 하루에 두 차례 밥을 줬어. 논으로 일하러 가기 전에 한 번 주고 일을 마치고 다 늦은 저녁 때 돌아와서 한 번 줬지. 한 번에 밥을 많이 주니 세 살이 채 되지 않은 아이들은 위가 작아서 밥을 자주 남겼다는구나.

그런데 몸이 튼튼한 아이 엄마는 농사를 지으러 나가면서 언니나 할머니 할아버지 또는 이웃에게 부탁을 해서 아이한테 밥을 자주 먹이도록 했어. 그 덕분에 이 아이들은 하루에 네 번 많게는 다섯 번까지 밥을 먹었어. 똑같은 양일지라도 두세 번 더 나눠서 먹다 보니 아이들이 밥을 남기지 않고 싹싹 비워 이웃집 아이보다 많게는 두 배나 되는 칼로리를 섭취할 수 있었대.

게다가 국이나 밥에 작은 새우나 게 또는 고구마 싹을 넣어 주기도 했다는구나. 또 어떤 엄마들은 아이가 밥을 먹다가 강아지나 흙 묻은 슬리퍼를 만질 때마다 아이 손을 씻겼어.

하마터면 놓칠 뻔했던 이 작은 차이가 튼튼하고 병약한 것을 갈랐다는 거야.


부부는 아이가 영양실조에 걸린 50개 가정을 10가구씩 나누어 날마다 함께 밥상을 차렸어. 그러면서 튼튼한 아이 엄마들이 했던 것처럼 하도록 일깨우는 데 온 힘을 쏟았어. 어떻게 됐을까? 여섯 달 만에 아이 245명이 영양실조에서 벗어났어. 100여 명은 아주 튼튼해졌대. 부부를 싸늘한 눈초리로 보던 베트남 관리도 흔쾌히 비자 연장을 해 주지 않을 수 없었지. 마침내 베트남에 사는 어린아이 220만 명이 튼튼해졌다는구나.

👩 문제만 바라보는 데서 벗어나 '문제 없는 데로 눈길'을 돌렸기 때문에 거둔 열매라는 거지?

👨 빙고! 놓치지 말아야 할 것은 남다른 물음이야.

병약한 아이를 고치려고 할 때 우리는 흔히 약한 아이만 바라보게 돼. 그런데 이 부부는 거꾸로 튼튼한 아이는 없는가를 살폈어. 거기서 실마리가 풀린 거지. 튼튼한 아이가 하나도 없다면 또 다른 것을 살펴야 했을 테지만 다행스럽게도 아주 적게나마 튼튼한 아이들이 있었고, 그 바탕에서 문제를 풀 수 있었지.

그렇더라도 이 아이들은 본디 튼튼하게 타고났을 수도 있다고 여기며 흘려 버렸을 수도 있는데 이 부부는 '차이'를 살피는 '눈길'이 달랐던 거야. 지극한 마음 씀이 있었기에 다사로운 눈길이 나올 수 있었던 거지.

좋은 말과 좋은 짓은 깊은 마음씨에서 오며, 이와 같이 깊은 마음 씀에서 나온 옹근 말과 옹근 짓이 거듭 이어질 때 옹근 열매를 맺을 수 있다는 얘기야.

이건 그야말로 곁가지인데, 내 눈길을 끈 것은 터무니없이 짧게 주어진 시간이었어. 우리는 흔히 시간에 쫓기면 아무 일도 할 수 없다고 여겨. 참으로 그럴까? 아냐. 쫓기는 마음이 오히려 일을 앞당겨서 풀어낼 수 있는 힘이 되고, 새로운 눈길에서 풀어낼 수 있는 바탕이 되기도 하거든. 이걸 '마감시간 법칙'이라고 해.

# 말이 지닌 힘은 생각에서 나와

중국에 목 좋은 밥집 주인이 골머리를 앓고 있었어. 출퇴근하는 사람들이 가게 앞에 자전거를 세워 놓고 다녔기 때문이야. 이를 막으려고 부탁도 협박도 했지만 맥을 추지 못했어. 그러다가 담벼락에 어떤 말을 한마디 써서 붙여 놨어. 놀랍게도 그 뒤로 가게 앞에서 자전거가 자취를 감췄대.

"자전거를 거저 드려요. 아무나 가져가세요!"

탈바꿈을 한 거야. 마구 세워 두는 주차장에서 확실히 잃어버릴 수 있는 곳으로. 여기서 생각해 보자. 저 말은 어디서 나왔을까?

스웨덴 스톡홀름 시에서는 '시민들이 튼튼해지려면 어떻게 해야 할까?' 하고 숱하게 고민을 했어. 일상에서 자연스럽게 할 수 있는 방법을 찾아 이 궁리 저 궁리를 하고 또 하다가, 사람들이 자연스럽게 계단을 오르내리도록 만들 수만 있다면 좋겠다는 데까지 생각이 미쳤지. 그러나 계단과 에스컬레이터가 함께 있다면 사람들은 어디로 쏠릴까? 대개 에스컬레이터에 올라타. 계단을 오르내리면 다리에 힘이 붙고 몸에 좋다는 걸 모르는 사람은 없지만 힘드니까 계단으로 오르내리기 싫어하는 거지. 그래서 다시 머리를 쥐어짰어. '계단을 오르내리도록 하려면 어떻게 해야 할까?' 그 끝에 터진 아이디어는 싱그러웠어. '계단을 피아노 건반 모양으로 바꾸고, 계단을 밟을 때마다 피아노 소리가 나도록 하면 어떨까!'

'오덴플랜'이라는 지하철역 계단에 사람들이 오르내리면 피아노 소리가 날 수 있도록 하는 장치를 했어. 시민들은 계단에 발을 디디면 소리가 나서 처음에는 당황해했지만 이내 계단 밟는 재미를 들였어. 입소문을 타고 시민들이 몰려들어 뜨겁게 반겼지. 두세 사람이 오르내리며 화음을 만들기도 하고 간단한 곡을 연주하려는 사람들도 생겨났어. 이 피아노 계단은 명물이 된 지 오래야. 덕분에 계단 이용률이 세 배나 높아졌어. 놀랍지? 계단 오르내리기가 힘든 노동에서 즐거운 놀이로 바뀐 까닭이야. 우리나라에서도 심심치 않게 볼 수 있는 피아노 소리 나는 계단은 이렇게 태어났어.

사람들은 문제를 앞에 두고 고민을 거듭하고 생각을 키워 가면서 이제껏 없던 새로운 아이디어를 짜내. 그 아이디어를 다시 말로 나누면서 생각그릇을 키워 가고 마침내 새로운 결을 이뤄 내는 거야. 이때 말은 사람과 사람을 잇는 다리 노릇은 말할 것도 없고, 생각을 앞당기는 구실까지 해.

# 쓸데없는 말이라고 해서 다 쓸모없진 않아

 어저께 청소 당번이었어. 얼른 청소를 마치고 잠깐 피씨방에 들러서 게임 한판 하고 늦지 않게 집에 가려고 서둘렀지. 그때 선생님이 찾으신다는 소리에 교무실로 달려가는데 상규가 운동장 저쪽에서 이리 오라고 손짓을 해. 속으로 '바쁜데 왜 부르지?' 하면서 달려갔어. 그랬더니 "뺘리야, 날씨 참 좋지? 어딜 그렇게 달려가?" 하는 거야. 그래서 "그거 물어보려고 바쁜 사람을 불러 세우니!"라고 톡 쏴 줬어. 걘 내가 달려가는 거 빤히 보면서 쓸데없는 말을 던지고 그러는지 몰라.

하하하, 그러게. 왜 그랬는지 오늘이라도 물어보지. 안 물어봤어?

아까 낮에 나갔다 오는데 아래층에 사는 아주머니가 "하늘이 높은 게 가을인가 봐요." 그러시더구나. 나는 "그러게요. 며칠 사이에 뚜렷이 달라졌습니다." 하고 받았지. 여기에 생각거리가 있어. 내가 실내에 있는데 아주머니가 들어오시면서 그 말씀을 하셨으면 모르겠어. 나도 바깥에 나가 있어서 하늘이 높아진 줄 알 수도 있는데 어째서 그 아주머니는 그런 쓸데없는 말씀을 건네셨을까? 아주머니는 정보를 알려 주려고 그러신 게 아냐. 날씨 덕분에 좋아진 기분을 더불어 나누려고 그러신 거지. 너는 동무들하고 수다를 떨 때 쓸모 있는 말만 하니?

 아니, 그냥 아무 말이나 하는데. 그러고 보니 나도 그러네.

쓸모 있는 말이란 정보가 담긴 말을 가리켜. 정보가 담긴 말만 하는 본보기는 내남없이 진짜 경상도 사나이라고 여기는 옆집 새롬이 아빠가 하는 말씀 같은 거야. 새롬이 아빠는 집에 들어오면 "밥도." "묵자." "자자." 딱 이 세 마디만 한다더라. 모든 말이 짧아. 그런데 쓸데없는 말은 참으로 쓸데가 없기만 할까? 아니, 이 쓸데없는 말이 사람과 사람에 들어서 사이를 부드럽게 만들기도 해.
　네가 함박눈이 내리는 기차역에 서 있는데 모르는 사람이 다가와서 점잖게 묻는다고 떠올려 봐. 한 사람은 "휴대폰 좀 빌릴 수 있을

까요?" 하고, 다른 사람은 "눈이 참 예쁘게 내리네요. 휴대폰 좀 빌릴
수 있을까요?" 하고 물어. 너라면 누구에게 휴대폰을 빌려 주고 싶은
마음이 들겠니? 연구자들 얘기로는 두 번째로 말한 사람이 빌릴 수
있는 확률이 네 배나 높았대. 살가운 말 한마디가 가슴을 여는 거야.
그렇다고 해서 이런 말이 늘 힘을 떨치는 건 아니야. 어떤 일로 심
사가 틀어져 있을 때 이런 말을 들으면 "그냥 빌려 달라면 되지. 눈
내리는 걸 누가 몰라?" 할 수도 있잖아. 그러나 그렇게 기분이 흐
려 있을 때는 첫 번째 말을 던졌더라도 어차피 빌려 주지 않았을걸.

 그런데 할아버지, 요새 누가 그렇게 묻는다고. 좀 느끼하다.

 그래? ^^; 음… 그럼 이런 건 어떨까?

학년이 바뀌어 네 마음에 쏙 드는 아이를 만났어. 어느 날 걔가 네
게 "넌 어려서 어떤 아이였지?" 하고 물었어. 바로 그때 그동안 전혀
생각해 보지 않았던 어떤 얘기가 떠오를 수 있어. 이를테면 술래잡기
를 하다가 아이들이 네가 숨어 있다는 것도 잊고 다 집으로 돌아간
얘기, 아이들 소리는 들리지 않아도 찾아오겠거니 하며 무서워도 꾹
참고 숨어 있었는데 아무도 찾지 않더라는 얘기, 캄캄해져서 나와 보
니 아무도 없어서 무서운 가슴을 쓸어내리며 터덜터덜 집으로 돌아
갔던 얘기 같은 건, 얘기를 나누다 얘기줄기가 다른 데로 돌아가 결

말 없이 끝나기도 해. 이런 얘기를 듣고 "그래서 어쩌라고?", "그게 나하고 뭔 상관이야?" 하는 사람은 많지 않을 거야.

우리는 이와 같이 결론을 맺지 않아도 되는 얘기를 아무하고나 하지는 않아. 가까운 사이일수록, 더 가까워지고 싶은 사람 사이에 이런 결말 없는 얘기가 힘을 쓰지. 왜냐하면 '너를 깊이 헤아릴 수 있는 정서가 담긴 얘기'니까.

경영학 아버지라고 불리는 피터 드러커는 바로 이렇게 수다를 떨 때 창의성이 펼쳐질 확률이 회의에서 길어 올리는 창의성에 견줘 76퍼센트나 높다고 했어. 해도 그만 안 해도 그만인 객쩍은 얘기가 사람 뇌를 싱그럽게 해 준다는 말씀이야.

# 남에 기대어 나를 높여도 될까

🙂 아까 동네에 청소차가 지나가면서 쓰레기를 걷어 가는데, 어떤 할아버지가 청소부 아저씨를 손가락으로 가리키며 손주로 보이는 애한테 이러는 거야. "너 공부 열심히 안 하면 저렇게 된다." 청소부 아저씨한테 들리지 않게 작은 목소리로 말했지만, 듣는 내 얼굴이 다 벌겋게 달아올랐어. 어떻게 그런 소리를 할 수가 있지?

🧑 그 할아버지는 쓰레기 치우지 않고 사는지 모르겠구나. 그릇된 사회 욕망 탓에 빚어지는 일이야. 어른들은 아이들을 타이른답시고 노점상이나 청소부를 가리키며 "공부를 게을리 하면 저렇게 돼."라고 곧잘 손가락질하곤 해. 이런 얘기를 듣고 자란 아이들은 누군

가는 꼭 해야만 하는 궂은일들을 꺼려하거나, 그런 일을 하는 이들을 저도 모르게 업신여기기도 하지.

　프랑스 엄마들은 코맹맹이 소리를 하며 아이를 어르지 않는대. 아이가 길거리나 식당과 같은 공공장소에서 떼를 쓰면 "그러면 안 돼. 공중질서를 어겨서는 안 된다."면서 어른에게 하는 것과 똑같은 말투로 이른다는 거야. 잘 알아듣지 못하면, 한 인격체로서 다른 사람과 어울리며 살아가려거든 그래서는 안 된다면서 몇 번이고 되풀이해서 말을 하며 물러서지 않는다고 해.
　프랑스 대혁명을 거친 프랑스 사람들은, 혁명이란 모든 사람이 같은 자리에 오르는 시민이 되는 것으로 받아들인대. 높은 자리에 있는 사람에게 고개를 숙이지 않는 전통이 이때부터 자리 잡아서인지, 프랑스 학교에서는 교장선생님이 아침마다 교문 앞에서 인사를 하며 학생들을 맞이한다는구나. 교장선생님은 자잘한 행정 처리도 손수 하고, 학교에 잔치가 있을 때는 나서서 사회를 보면서 스스로 가장 바지런한 머슴이 된다더라.

　🙂 와~ 우리 학교 교장선생님이 그러신다면 애들 사이에서 인기 짱일 텐데. 그런데 할아버지, 실은 나도 똥차를 보거나 하면 고개를 돌리게 되더라고. 그 일을 하는 분들을 업신여기거나 하는 건 아닌데, '나는 나중

에 저런 일은 안 하고 싶다.'는 마음이 들기는 해.

그런 것까지야 어쩔 수 있나. 빈틈없이 하나도 놓치지 않고 올바르기는 어렵지. 다만 좀 지저분하게 느껴지더라도 누군가 또는 누군가가 하는 일을 귀하게 여기는 마음을 지키도록 애써야 해.

오래전에 신동엽 시인이 쓴 시 제목을 보고 몹시 흥분한 적이 있었어. 〈껍데기는 가라〉라는 시야. '껍데기는 가라'니 말이 돼? 모든 열매나 씨앗은 껍질이 먼저 생기고 나서 알맹이가 차오르는데. 껍데기가 없는 조개나 소라 속살이 살아남을 수 있을까. 그래도 씁쓸한 마음을 가다듬으며 읽어 봤는데 담긴 뜻은 좋더라. 끝 부분만 살짝 끌어다 읊어 볼게. "껍데기는 가라. / 한라에서 백두까지 / 향그러운 흙가슴만 남고 / 그, 모오든 쇠붙이는 가라." 목숨을 불어넣어 살리는 흙만 남고 목숨을 빼앗는 무기는 다 사라지라는 말씀이니 좋지? 그래도 진한 아쉬움이 남는 건 어쩔 수 없어.

만약에 쓰레기를 치우는 분들이 저 할아버지 말에 상처를 입고 다 그만둬 버리면 어떻게 될까? 음식을 배달하고, 쓰레기를 치우고, 하수도를 청소하거나, 정화조에 있는 똥을 퍼 가는 사람을 비롯해 허드렛일이나 궂은일을 하는 사람이 없다면 도시나 마을이 멀쩡하게 굴러갈 수 있을까!

사람들이 나무나 풀을 바라볼 때 흔히 꽃이나 열매만 아름답다고 받아들이기 쉬워. 그러나 그건 어디까지나 치우친 생각일 뿐이야. 우리가 눈길을 주지 않는 잎이나 눈에 보이지 않는 뿌리가 제 구실을 하지 않으면 꽃이고 열매고 달릴 수 없어. 틀림없이 꽃이나 열매는 사람들이 눈여겨보지 않는 잎이나 뿌리, 가지에게 '네가 있어 내가 살 수 있다'며 고마워할 거야.

# 혐오표현은 안 돼

할아버지, 어저께 점심시간에 옆 반에서 큰소리가 났어. 뭔 일인가 해서 뛰어가 봤더니 어떤 애가 다문화 가정 애한테 "너희 나라로 꺼져!" 하고 소리를 지른 거야. 그 소릴 듣던 다문화 가정 애가 맥없이 주저앉고 말았어. 그 애는 어머니가 한국 사람이고 아버지가 필리핀 사람이야. 꺼지라고 소리친 애가 살갗이 까무잡잡한 걔한테 늘 "깜상" 아니면 "야! 다문화, 너 이리 와 봐." 하고 놀렸어.

너희 나라로 꺼지라니… 해서는 안 될 모진 말이구나. 그런데 나는 '다문화 가정'이라는 소리부터 거슬리는구나. 이름을 붙이는 순간, 사람들 머릿속에는 금이 하나 쭉 그어지거든. 다문화 가정이라는 소리는 다문화 가정을 이루고 사는 사람들을 부르라고 지은 말이 아니라 행정 편의에 따라 붙인 이름일 뿐이야. 더구나 그 아이는 취업을 해서 우리나라에 온 외국인 자녀도 아니고 한국 사람이잖아. 우리나라에 몇 해 와서 살다가 제 나라로 돌아가는 외국인 자녀에게도 써서는 안 될 소리인데 같은 한국 사람끼리 그렇게 부르다니, 말도 되지 않는 소리야.

일제 강점기 때 많은 일본 사람들은 우리나라 사람들을 이등국민이라고 업신여기고 깔봤어. 재일동포들은 여태도 일본 사람들 손가락질을 견디며 살아가고 있지. 일본에는 '재일 특권을 용납하지 않는 시민 모임'이라는 일본 사람 모임이 있어. 이 사람들은 요즘도 이따금 재일동포가 모여 사는 곳으로 몰려가서 "김치 냄새 난다."거나 "조선 사람은 똥이나 먹어."라거나 "바퀴벌레 같은 조선 놈들 꺼져!" 또는 "조선 사람을 보면 돌을 던지고 조선 여자는 강간해도 된다."고 외친대. 이 나이에도 이런 소리를 들으면 피가 머리끝까지 솟구쳐.

어떤 사람들이 그 사회 다수자와 다른 특성이나 생각을 갖고 있을 때, 그 사람들을 '소수자'라고 불러. 그리고 소수자를 적으로 돌리거나, 폭력 또는 차별 대상으로 삼으려 하거나, 겁주고 업신여기고 깔보고 욕되게 하는 거친 말을 우리는 '혐오표현' 또는 '증오표현'이라고 해.

동무에게 상처를 주는 모진 말을 한 아이도 재일동포가 겪는 일을 알게 되면 아마 나처럼 화를 낼걸. 재일동포를 같은 겨레라 여기고, 그 사람들이 듣는 말을 제가 듣는 것처럼 여기기 때문이야. 그러니까 우리는 어떤 때는 다수자였다가 또 다른 때는 소수자이기도 한 거지.

사람은 누구나 소중하기 때문에 혐오표현을 해서는 안 되는 거야. 더군다나 내가 쏜 화살이 그대로 내게 돌아올 수 있다는 걸 알게 된다면, 무서워서라도 그런 말을 함부로 뱉을 수 없겠지. 우리는 모두가 이어져서 함께 살아가는 사람들이라는 걸 결코 잊어서는 안 돼.

🧑 그런데 할아버지 그 애만 탓할 일은 아니야. 어떤 학교에서는 담임 선생님이 이주민 애한테 "야! 다문화, 너 이것 좀 해." 하고 뭘 시킨대.

👴 선생을 해선 안 될 사람이구나. 아이들한테 그릇된 생각을 심어 준다면 그 어른 잘못이 크지. 그러나 너희 또래라면 남이 하는 말에 휩쓸릴 나이는 지났어. 어떻게 사는 게 참다운지 줏대를 세워 가며 살아야 해. 너희는 사람뿐 아니라 동식물 권리도 도두보며 아울러야 한다고 곧잘 얘기하잖아. 그러면서 사람을 출신이나 살빛을 가려서 꺼려하고 싫은 속내를 거침없이 쏟아 낸다면 앞뒤가 안 맞는 일이지. 더욱 우스운 건 같은 외국 출신일지라도 백인종은 떠받들면서

흑인종이나 황인종에게만 함부로 군다는 거야. 이런 행동이 유대인을 열등하다고 하면서 수백만이나 죽인 나치와 얼마나 다르다고 할 수 있을까?

그런데 필리핀에서 온 아버지를 뒀다는 그 아이 이름이 뭐니?

🧒 뭐더라? 아! 은정이, 은정이야.

👨 학교에서 은정이를 만나면 네가 동무를 해 줘. 그리고 은정이한테 네가 곁에 서 줄 테니 혐오표현을 들을 때 주눅 들지 말라고 해. 움츠러들면 들수록 혐오표현은 더 날뛰거든. 한번 모질게 마음먹고 호되게 맞설 수 있도록 힘을 보태 줘. 애들이 수군거리는 낌새가 느껴지면 "크게 말해, 크게 하라고. 그래야 나도 들을 거 아냐!" 하면서 어깨 펴고 맞서는 거야. 눈을 똑바로 뜨고 "나는 다문화가 아니라 한국 사람이야! 너희랑 똑같은." 하고 앞으로 나서면 아이들이 쉽사리 집적대지 못할걸.

내가 세 살 때 소아마비를 앓아서 다리를 절잖아. 초등학교 다닐 때 놀림을 적잖이 받았지만 '지는 게 이기는 거다.' 하면서 참고 또 참고 지냈어. 그런데 어느 날 아침 학교 가는 길에 꼬마 애들이 "절뚝발이"라고 놀리면서 돌을 던지고 도망가는 거야. 다리를 저는 내가 아무리 뛰어도 저희를 잡지 못하는 줄 빤히 아니까 그런 거지. 나는 부아가 머리끝까지 치밀어서 씩씩거리면서 학교에 왔어.

바로 그날 쉬는 시간에 화장실에 다녀오는데 우리 학년에서 힘이 가장 센 아이가 화장실 앞에 서 있었어. 그 앞을 지나는데 걔가 아주 조그맣게 "절름발이…" 하면서 히쭉 웃더라고. 내가 돌아서면서 "크게 말해. 내 귀에 다 들리도록!" 그랬어. 그랬더니 "아니 이 병신이 꼴 같잖게." 그러잖아. 그래서 '에라, 한 번 죽지 두 번 죽겠나.' 하고 굳게 마음먹고는 걔 코앞에다 내 얼굴을 바짝 들이대고 버럭 소리를 질렀지. "그래, 나 절름발이다. 근데 내가 다리 절어서 너한테 손해 준 거 있냐? 한 번만 더 그러면 그 입을 가만두지 않을 테다!" 그러고서 돌아서는데 엄청 켕겼어. 겁이 몹시 났거든. 마음 졸이며 교실로 돌아오는데 다행스럽게도 걔가 뒷덜미를 잡지 않더구나.

아무튼 그 뒤론 학교에서는 놀려 대는 아이가 아무도 없었어. 그러나 학교를 벗어난 데서는 절름발이라는 소리가 이따금 귓결에 스쳤어. 그래도 한 번 넘어선 경험이 있어서 여유가 생겼는지 그리 마음이 쓰이진 않더구나. 그럴 때는 '나는 다리를 절지만 너는 마음을 저는구나.' 하면서 혹시 눈이 마주치면 씨익 웃어 줬지.

# 상식에 질문을 던져 보기

할아버지랑 얘기를 나누기 전에는 말을 잘하는 방법이 따로 있고, 그 걸 익히면 말을 잘할 수 있을 거라고 생각했어. 그런데 이제까지 얘기를 주 고받다 보니 말을 잘하는 사람이란 좋은 말을 하는 사람이고, 좋은 말을 하려면 어떻게 해야 사람들이 살기 좋은지 그렇지 않은지를 제대로 가릴 줄 알아야 한다는 생각이 들더라고.

그래 버리야. 나도 예전에는 말 잘하는 방법이 따로 있다고 생 각했는데 요새는 말이 그 사람을 고스란히 비춘다고 거듭 느껴. 사람 수준에 따라 말씀 수준이 정해진다는 거지. 부처님이나 예수님 같은 분들 말씀이 거룩한 건 그분들이 거룩하기 때문이라는 거야. 혹시 예수님 말씀 가운데 '포도밭 일꾼 품삯 이야기'라고 알아?

😊 아니, 어떤 얘긴데?

😎 어느 포도밭 주인이 일꾼을 얻으려고 이른 아침에 나갔어. 일꾼들에게 하루 품삯으로 돈 한 데나리온씩 주기로 하고 포도밭으로 보냈지. 포도밭 주인은 아홉 시쯤 다시 나가서 장터에서 할 일 없이 서 있는 사람들에게 일한 만큼 품삯을 주겠다고 하고 포도밭으로 보냈어. 열두 시와 오후 세 시쯤에 나가서도 그렇게 했지. 포도밭 주인은 오후 다섯 시쯤에 다시 나가 살폈어. 그랬더니 할 일 없이 서성거리는 사람들이 또 있는 거야. 그래서 물었지. "그대들은 왜 하루 종일 이렇게 서 있기만 하오?" 그 사람들은 "아무도 일을 시키지 않아서 이러고 있습니다." 하고 답했어. 포도밭 주인은 그 사람들도 포도밭에 가서 일을 하도록 했지.

날이 저물자 포도밭 주인은 맨 나중에 온 일꾼들부터 시작해 맨 먼저 온 일꾼들에게까지 차례차례 품삯을 치렀어. 모두 한 데나리온씩 받았지. 그러자 새벽부터 와서 일한 어느 사람이 볼멘소리를 했어. "왜 막판에 와서 한 시간밖에 일하지 않은 저 사람들에게도 온종일 뙤약볕 아래에서 수고한 우리와 똑같이 주십니까?" 그러자 주인은 말했지. "내가 그대에게 잘못한 게 무엇이오? 나는 그대에게 품삯으로 한 데나리온을 준다 하지 않았소? 그대 품삯이나 가지고 가시오. 나중에 온 사람에게 얼마를 주든지 그건 내 뜻이오."

어떻게 그럴 수 있지? 그건 너무 불공평한 거잖아.

나도 처음엔 너랑 생각이 같았어. 그런데 예수님은 "하느님 나라는 이 포도밭 주인과 같다."라고 말씀하셔. 도무지 이해가 안 돼서 곰곰 궁리를 해 봤지. '예수님은 어째서 저런 말씀을 하셨을까?' 그 끝에, 오후 다섯 시까지 일거리를 얻지 못한 이에게나 이른 아침부터 일거리를 얻은 이에게나 똑같이 그 사람 손에 들린 음식과 돈을 기다리는 식구가 있을 거라는 데에 생각이 이르렀어.

일거리를 구하러 장터에 나온 사람들은, 그날 일을 하느냐 못 하느냐에 따라 식구들이 저녁에 밥을 먹느냐 굶느냐가 결정될 만큼 형편이 넉넉하지 않았을 거야. 일거리를 일찍 얻은 이는 몸은 고되어도 마음은 편했겠지. 반대로 일거리를 맨 나중에 얻은 이는 속이 얼마나 타들어 갔을까? 어쩌면 하루 내내 한 입도 못 먹었을지 몰라.

할아버지가 왜 이 얘기를 들려줬는지 알 것 같아. 때때로 상식에 질문을 던져 봐야겠어.

넷.
다툼을
풀고 싶어

# 함께 푸는 시험 문제

👩 할아버지, 어제 시험 결과가 나왔어. 근데 재민이가 성적표를 보여 달라는 거야. 바로 안 된다고 했지. 그래도 자꾸 조르는 거야. 하는 수 없이 보여 줬더니 얼굴이 빨개지면서 "또 아니잖아. 에이 씨, 재수 없어!" 하고 내 성적표를 확 내던지고는 나가 버렸어. 내 참 어처구니없어서. 중간에서 서로 도토리 키 재기 하는 사이면서 왜 그러나 몰라. 내가 자랑한 것도 아니고 지가 자꾸 졸라서 보여 줬는데… 진짜 밥맛이야.

👴 그랬구나. 마음이 좋지 않았겠네. 걔가 이번 성적이 제 기대만큼 나와서 너를 너끈히 누른 줄 알았는데 아니라서 실망했나 봐. 어떤 일이 벌어졌을 때 그 일에 담긴 문제만 가지고 얘기해야지 사

람을 끼워 넣어 생각하다가는 치미는 부아를 다스릴 수 없어. 그건
개 탓이 아니야. 경쟁을 부추기는 잘못된 교육 탓이지. 굳이 말하자
면 그 아이도 희생자 가운데 하나야. 그러니까 재민이한테 밥맛이
있네 없네 하기보다는 제도 탓을 하면서 쯧쯧 하고 혀나 두어 번 차
고 말아.

 그래도 속이 상한걸. 어디 기분 좋아질 만한 얘기 없어?

 신나는 얘기는 아니지만 생각이 달라지는 얘기는 있지.

　미국에 있는 작은 시골 초등학교 1학년 교실에서 시험 보는 날 일
어난 일이야. 선생님은 칠판 한가득 문제를 빼곡히 적어 내려갔어.
아이들은 모두 고개를 숙이고 문제를 풀고 있었지. 그때 몇몇 아이들
이 자리에서 일어나더니 한구석으로 가서 둥그렇게 모여 앉았어. 시
험 감독을 하던 선생님이 깜짝 놀라서 "너희 뭐하는 거야? 시험 시
간이잖아. 문제를 풀어야지." 했어. 그러자 한 아이가 이러는 거야.

　"예, 선생님. 저희도 문제를 풀려고요. 칠판에 적힌 문제들은 혼
자 풀기에 너무 어렵고 양도 많아서요. 마을 어른들이 어려운 문제가
생기면 모여서 머리를 맞대고 풀어야 한다고 늘 말씀하셨거든요."

　이 아이들은 그 마을에서 가장 오랫동안 살아온 인디언 마을에 사
는 아이들이었어. 이처럼 세상에 나가면 경쟁보다는 닥친 문제를 힘

모아 풀어야 할 때가 더 많아.

"바보 셋 문수 슬기"라는 말이 있어. 문수보살은 가장 슬기롭다고 알려진 분인데, 바보 셋이 모여 머리를 맞대면 그와 같은 슬기로움을 떨칠 수 있다는 말씀이지. 그러니까 어려움을 겪을 때 머리를 맞대고 뜻을 모으는 것이 으뜸이라는 거야.

여러 해 전, 초등학교 3학년과 4학년 아이들을 만나는 자리에서 물었어. "평화란 무엇일까요?" 그랬더니 "우분투"라고 외치지 뭐야. 무슨 얘기냐면, 어떤 사람이 남아프리카공화국 줄루족 아이들에게 달리기를 해서 이긴 아이한테 과일과 초콜릿을 한 바구니 주겠다고 했대. 그런데 웬걸 아이들은 이 사람이 한 말에 아랑곳하지 않고 모두 손을 잡고 달려갔대. 왜 말을 듣지 않느냐고 물었더니 아이들은 입 모아 "나 혼자 가지면 가지지 못한 애가 슬프잖아요."라고 했다는 거야. 이 얘길 꺼내면서 아이들은 "더불어 누리는 것이 평화"라고 했어. 한 아이가 여기 덧붙여서 시험도 경쟁도 없다면 평화로울 거라고 말하더구나.

경쟁을 부추기는 교육 제도를 만들고 다듬는 이들도 다 너희처럼 답답하니 좁은 닭장에 갇힌 것과 같은 어린 시절을 겪었을 텐데 어째서 교육을 바꾸지 못하고 있는지 안타깝구나.

# 꼬집고 나서는 벗이 있다면

🙂 그런데 할아버지, 내가 말실수를 하든지 뭘 잘못하기라도 하면 빠짐없이 꼬집고 나오는 애가 있어. 걔가 신경 쓰여서 뭘 선뜻 나서서 말하지도 못하겠어.

🙂 하하, 그래서 성가시니? 거슬리더라도 그런 동무가 있다는 건 참 좋은 일이야. 그런 말을 들은 덕분에 말을 조심할 수 있으니까. 사실 다른 사람한테 싫은 소리 하기란 누구라도 내키는 일은 아니야. 그런데도 쓴소리를 할 수 있다는 것은 그만큼 너를 아끼기 때문이라고 봐야 하지 않을까?

《중용》이란 책에는 다음과 같은 말이 나와. "벗에게 믿음을 받지 못하는 사람은 윗사람에게도 인정받을 수 없다." 또 《논어》〈학이〉 편에서 공자는 이렇게 말해. "충신忠信을 두고 벗을 사귀되, 그 벗이 허물을 짚거든 머뭇거리지 말고 고쳐라." 벗을 사귀는 데 가장 깊이 새겨야 할 것이 '충'과 '신'이라는 말이야. 여기서 충이란 '어떤 일이든 있는 힘을 다 쏟는 것'을 일컬어. 그리고 신, 곧 믿음은 '제가 한 모든 말에 책임을 질 줄 아는 것'을 뜻해. 비록 저보다 슬기롭지 못한 벗일지라도 무슨 일에든지 있는 힘을 다 쏟고 제가 한 말에 책임 질 줄 안다면 적극 사귀어야 하고, 그 벗이 허물을 짚거든 머뭇거리지 말고 고치라는 말씀이야.

이렇듯이 그 아이가 어떤 일에나 있는 힘을 다 쏟으며 제가 뱉은 말에 책임을 질 줄 아는지 먼저 짚어 봐. 만약에 그렇다고 생각된다면 좋은 벗이 꼬집는 말이니 고마워하며 바꿔야 하지 않을까.


오랜 벗이 던지는 진실 어린 말을 흘려들었다가 나락으로 떨어진 사람이 있어. 바로 《삼국지》에 나오는 원술이야. 《삼국지》에서 한나라는 어린 황제를 둘러싸고 힘겨루기가 도를 넘었어. 어수선한 틈을 타 곳곳에서 나라를 차지하려는 사람들이 이빨을 드러냈는데 원술도 그 가운데 하나였어. 황제가 되겠다는 야심에 불탔지만 제가 다스리는 군대만으로는 턱도 없었지. 하는 수 없이 오랜 벗에게 편지

를 보내 도와 달라고 해. 벗은 바로 답장을 했어. "그대 뜻이 바르지 않으니 화를 불러들이고야 말 것이네. 길을 잃으면 돌아가야 한다네. 그래야 화를 입지 않을 수 있을 것이야. 그대를 걱정하는 오랜 벗으로서 거듭 말하니 결코 될 수 없는 일에서 손을 떼게." 욕심에 눈이 먼 원술은 벗이 보낸 쓴소리를 들은 척도 하지 않았어. 기어코 나라를 세워 스스로 황제가 되어서는 백성이 견딜 수 없을 만큼 무거운 세금을 매기고, 거둬들인 세금으로 사치하고 제 편함만 일삼아. 민심은 등을 돌렸지. 결국 원술은 전쟁에서 크게 지고 피를 토하며 숨을 거뒀어.

누구라도 길을 잃을 수 있어. 그때 길을 잃었다고 짚어 주는 얘기를 귀담아들을 줄 알아야 해. 증자라는 분이 이렇게 말씀했어. "군자가 제게 대드는 벗이 하나 있으면 참다운 이름을 잃는 법이 없다."고. 쓰디쓴 소리를 하면서 '꼬집는 동무'야말로 우리를 참답게 해 주는 더없이 소중한 사람이지. 벼리 네게 그런 벗이 있다니 몹시 부러운데.

# 서두르지 않아야 좋은 대화

 엊그제 나래랑 다퉜어. 서로 엉킨 걸 풀려고 만나자고 했더니 얘가 날을 계속 미루며 뜸을 하도 들여서 답답하고 화가 나. 걔는 왜 빨리 상황을 정리하려는 마음을 내지 않는 걸까?

 사람마다 타고난 성깔이 달라. 누구는 느긋하고 누구는 뭘 하든지 재빠르지. 또 어떤 사람은 생각을 하느라 움직임이 굼뜨기도 하고. 이를테면 나와 할머니 성깔이 아주 달라. 회사에서 같이 일을 하던 때를 돌이켜보면 내가 "이리 가면 어떨까?" 하면서 고개를 돌리면 할머니는 그새 그쪽으로 달리고 있었어. 웃자고 하는 소리가 아냐. 다툴 때도 내가 서둘러 끝내려고 대충 미안하다 잘못했다고 하면, 할머니는 "무엇이 미안한 줄은 아느냐?"고 파고들었지. 밤을 새더라도 까닭을 밝혀서 문제를 풀고서야 잠을 잘 수 있었어. 또 할머니는 어떤 일을 해야 하면 미리 계획을 세우고 준비를 해야 마음을 놓는 편인데, 나는 느긋하게 있다가 일에 맞닥뜨려서야 풀어 갔어.

서로 달라서 티격태격하더라도 가까운 사람끼리는 서로 다른 게 좋아. 서로 모자라는 구석을 메워 줄 수 있으니까. 걔를 답답하다고 여기기 전에 생각이 깊어서 그런가 보구나 하면서 더 기다려 보면 어떨까. 답답해하다가 걔를 만나면 봇물 터지듯이 말을 마구 쏟아 낼 수가 있거든. 그러면 문제를 풀고 다시 가까워지려고 만났는데 거꾸로 골이 깊어지고 말 수도 있지 않겠어?

👧 음… 생각해 보니까 할아버지 말이 맞는 것 같아. 그럼 어떻게 하는 게 좋을까?

👴 차분하게 마음을 가라앉히고 만나야 할 거야. 만나기 전에 속으로 다지는 거지. '내가 얘를 만나려고 하는 것은 문제를 풀고 다시 사이좋게 지내려는 거다.' 그러니까 얘가 하는 말을 귀담아듣자고 혼잣말을 거듭하는 거야. 비유가 알맞은지는 모르겠는데…
중국 총리이던 저우언라이는 외국에서 온 손님하고 저녁 식사를 하기에 앞서 늘 부엌을 찾았어. 부엌에 와서 하는 첫 마디가 "국수 한 그릇 말아 주게나."였대. 이 말을 들은 사람은 고개를 갸웃거렸어. 조금만 기다리면 상다리가 부러지도록 맛있는 음식이 차려질 텐데 그 새를 못 참아서 겨우 국수 한 그릇을 말아 달라고 하다니. 한두 번도 아니고 만찬 때마다 그랬다는구나.

까닭이 몹시 궁금했던 주방장이 용기를 내어 물었대. "총리님, 조금만 기다리면 맛있는 음식을 드실 텐데 어째서 늘 국수를 찾으십니까?" 그랬더니 "손님을 모셔 놓고 내 배가 고프면 허겁지겁 먹기에 바빠 손님이 어떤 느낌을 받고 계신지, 손님이 무슨 말씀을 하고 있는지 놓칠 수 있지 않겠는가."라고 답했다는구나.

대화는 서로 가진 뜻을 주고받는 건데 내가 할 말이 뭔지 모르고 있거나, 내가 하는 말에만 빠져 상대방이 무슨 말을 하는지 제대로 듣지 못하거나 낯빛을 살피지 못한다면 어떻게 될까? 만나서 얘기를 나눌 까닭이 없는 거잖아.

어떤 일이든 서두르기만 해서는 좋은 열매를 맺을 수 없어. 차분차분 준비하지 않고 서두르기만 해서는 참다운 얘기바람을 제대로 일으키기 어렵고 얘기꽃을 아름답게 피울 수도 없지 않겠어?

# 미워하는 마음이 들 땐 말을 쉬어

🧒 할아버지, 함께 만든 규칙을 지키지 않아서 동무들을 힘들게 하는 아우가 있어. 규칙을 지키도록 잘 타이르고 싶은데, 말을 하다 보면 자꾸 목소리가 높아져. 그렇다고 아우가 행동을 고치려고 하는 것 같지도 않고. 이럴 때는 어떻게 해야 해?

👴 안타까운 일이구나. 먼저 네가 목청을 돋우게 된 까닭을 짚어 봤으면 좋겠어. 느끼지 못할지 모르지만 네 목소리가 높아지는 밑바탕에는 '나는 너를 이만큼 아끼는데 너는 그런 내 마음을 헤아리기는커녕 어긋나기만 하니?' 하는 생각이 깔려 있을 수 있어. 세 살배기 아이가 떼를 쓰거나 아끼는 강아지가 눈에 거슬리는 짓을 좀

한다고 해서 못 견뎌 하는 사람은 별로 없어. 그렇듯이 그 아우에게 바라는 바가 없으면 규칙을 좀 지키지 않더라도 '지나치네.' 하면서 가볍게 넘길 수 있을 거야. 그런데 목소리를 높이면서라도 타일러야 한다는 생각이 드는 건 그 아우를 그만큼 아끼기 때문이야.

아우하고 사이가 매끄럽지 않아 힘들다고 느낄 때 가만히 네 마음결을 살펴봐. 개를 아낀 나머지 개한테 바라는 마음이 넘치는 건 아닌지. 그 아우 또한 가깝다고 여기는 언니가 다른 동무들을 도탑게 챙기는 것을 보고 언니 마음이 제게서 멀어졌다고 받아들이고는 어깃장을 놓는 건 아닌가 하는 따위를. 서로에게 바라는 마음이 클수록 사이가 틀어지기 쉽거든. 그러니까 무엇보다 그 아이에게 그런 네 마음을 잘 알리고, 개 마음을 보듬어 주려무나.

🙂 알았어. 그렇게 타일러 볼게.

😊 그런데 버리야, 나는 타이른다는 말이 내키지 않는구나. 타이른다고 하면 어쩐지 권위가 실린 말 같아서 그래.

아우를 아우르면서 놓치지 말아야 할 건 네게 그 아이를 미워하는 마음이 일어나는지를 살피는 거야. 좋은 마음으로 다가가서 얘기를 나누다가도 개가 거듭 어깃장을 놓으면 부아가 치밀면서 미워하는 마음이 솟구칠 수 있거든. 미워하는 마음이 일어나는 까닭은 다루는 문제와 그 사람을 같이 놓고 보기 때문이야.

《장자》에 나오는 얘긴데, 어떤 사람이 조각배를 타고 호수를 노닐고 있었어. 그런데 웬 배 한 척이 와서 부딪치는 거야. 한껏 누리고 있던 한가로움이 깨져 부아가 치민 이 사람은 "뭐야, 이런…" 하며 욕을 퍼부으려고 일어나다 말고 도로 주저앉았어. 왜 욕을 하려다 말았을까? 아무도 타고 있지 않은 빈 배였던 거야. 성을 받을 사람이 없으니 성이 가라앉을 수밖에 없던 거지.

쉽진 않겠지만 서로 어긋나는 뜻을 나눠 어울리려고 할 때는 나눌 의제와 사람을 떼어 놓고 생각하도록 해야 해. 그렇지만 아무리 해도 둘을 떼어 놓고 생각할 수 없을 때는 애써 얘기를 이어 가지 않아도 괜찮아. 혹시라도 미워하는 마음이 일어난다면 뒤에 다시 얘기 나누기로 하고 그 자리에서 벗어나는 것이 좋다는 말씀이야.

얘기를 나누기에 앞서서 어째서 그 아이가 함께 만든 규칙을 지키지 않는지를 살펴봐야 해. 걔는 반대했는데 다수결에 따라 결정했는지, 아니면 그 아이는 내켜 하지 않았는데 분위기에 떠밀려 어쩔 수 없이 좋다고 한 건 아닌지 따위를 하나하나 짚어 봐. 그리고 뜻을 달리하는 까닭을 들어 보면서 "그렇게 여길 수도 있겠구나." 하고 공감해 줘. 공감이란 그 사람이 지닌 뜻을 헤아린다는 거지 그 뜻에 따르겠다는 얘기가 아니거든. 그렇지만 공감을 해 주는 것만으로도 마음을 열고 얘기를 나눌 수 있는 바탕이 마련되고는 해.

또한 그 규칙을 만들게 된 바탕을 함께 살펴보고 "이미 만들어 놓은 규칙이니 따르면서 문제가 드러나면 차차 바꿀 수도 있지 않느냐?"고 조곤조곤 풀어 나가도록 해 봐. 아울러 "네가 이렇게 고쳤으면 좋겠어." 하기보다는 "우리가 더불어 뜻을 모으면 마음이 놓이는 공동체를 꾸려 갈 수 있지 않을까?" 하고 넌지시 물어도 좋겠지?

# 꼭 사이좋게 지내지 않아도 괜찮아

그런데 할아버지, 어떤 애하고 말을 섞다 보면 가슴이 답답해. 내가 말할 때마다 끊임없이 토를 달며 깐죽거리고 그래서 미칠 것 같아. 거듭 그런 일을 겪다 보니 이제는 걔가 눈에 띄기만 해도 미워 죽겠어.

그래, 살다 보면 이따금 그런 사람이 있어. 보는 눈길이 다르고 무엇을 받아들이는 바탕이 달라서 어쩔 수 없는 일이지만, 자꾸 어깃장을 놓는다면 미칠 노릇이지. 그렇더라도 '쟤, 왜 저래? 나빠!' 하면서 그 아이를 미워하는 마음이 드는 건 네가 네 생각에 사로잡혔기 때문이야. 네 생각에 매여서 걔를 탓하고 미워하면 금세 그 아이도 그걸 알아차리고 말아. 그러면 그 아이도 너를 탓하고 미워할 수밖에 없어. 물론 거꾸로 그럴 수도 있지.

그러다 보면 이내 다툼이 벌어지고 말아. 그럴 때 치미는 부아를 억지로 눌러 참는 사람도 있어. 참으면 미움을 더 키우지 않을 수도 있지. 또 미움이 다 사라지지 않았는데 억지로 치미는 화를 참거나 화해하자고 손을 내밀면 착하다는 소리를 들을 수 있어. 그렇다고 해서 문제가 풀리는 것은 아냐.

미움은 나는 내 생각이 옳다고 여기는데 그 애가 내 생각과 아주 다른 말을 하면서 바득바득 우긴다고 여길 때 일어나. 그렇지? 그럴 때는, 힘들겠지만 그 애가 하는 말과 그 애를 떼어 놓고 생각하도록 해 봐. 나와 뜻이 다를 뿐이지 걔를 나쁘다고 볼 수는 없다고 거듭 생각해 보는 거야. '아, 쟤는 저렇게 생각하는구나. 저렇게 생각할 수도 있겠구나.' 하고.

내가 생각하는 것은 그동안 내가 보고 듣고 겪어 온 바탕에서 나온 거야. 그러니 '쟤가 말하는 것 또한 쟤가 그동안 보고 듣고 겪어 온 바탕에서 나온 것이겠구나. 나도 저런 환경에서 살았더라면 쟤처럼 생각할 수 있지 않을까?' 하고 뒤집어 생각해 보면 미워하는 마음이 가라앉지 않을까.

가장 좋은 것은 너를 사로잡고 있는 '내 생각'이라고 하는 걸 내려놓는 거야. '내 생각이라고 하는 것도 쟤 못지않게 좁은 우물 안에서 겪거나 보고 듣고서 생겨난 것일 수도 있지 않을까?' 하고 생각해 보라는 말이지. '쟤가 하는 말뜻을 시간을 두고 곱씹어 봐야겠구나.' 하고 생각하면서 미뤄 둬도 좋아. 물론 걔가 비꼬거나 거친 말투를 쓰면서 속을 뒤집어 놓을 수 있어. 그렇더라도 겉으로 드러난 말투에 매이지 말고 속뜻만 새겨들을 수 있도록 네 마음을 다스리는 것이 좋아. 쉽지는 않을 테지만.

그러려고 애를 써 봤어. 그런데 걔는 내 말은 조금도 귀담아듣지 않아. 그리고 말이 되도 않는 소리를 거듭하면서 내가 무슨 말이든지 꺼내기가 무섭게 가로타고 나와서 말꼬리를 붙들고 늘어진단 말이야.

딱한 일이구나. 아무리 애를 써도 거듭 시비를 건다면 여간 견디기 어려운 일이 아니지. 아니고말고. 음… 어쩌면 좋을까? 네가 괴롭다면 네가 그 아이를 품을 수 있을 만큼 품이 넓어지기 전까지는 떨어져 있는 것도 나쁘지 않아.

물과 우유는 서로 어울려 섞이지만 물과 기름은 서로 겉돌지. 마찬가지로 사이좋게 지내야 한다고 해서 마음을 거듭 다쳐 가면서까지 어울리기 힘든 사람들하고 억지로 섞이려고 들 까닭이 없어. 물론 내가 모자라서 덜컥거릴 때가 더 많아. 그러나 그렇다고 해서 상처를 입어 가면서까지 거듭 엉뚱한 소리를 한다고 여겨지는 사람과 애써 사이좋게 지내려고 안간힘 쓰지 않아도 괜찮아.

# 라이벌은 서로 어깨동무하는 사이

 다른 반 애 하나가 나를 라이벌로 여긴다면서 "쟤를 꼭 누르고야 말겠다."고 떠벌리고 다닌대. 처음에는 그냥 웃고 말았는데 애들이 거듭 그런 얘기를 하니까 신경이 쓰여.

라이벌이라… 라이벌은 좋은 말이야. 서로 어깨동무하고 북돋아 주는 사이라는 말이거든.

응? 라이벌은 적이라는 뜻이잖아. 그런데 북돋아 주는 사이라고?

흔히 라이벌과 적을 헷갈려하는데 라이벌과 적은 아주 다른 말이야. 적은 나를 해치려고 달려드는 상대를 가리키는 말이고, 라이벌은 서로 어깨동무하는 사이를 일컫는 말이야.

  사전을 찾아보면 '라이벌'은 '같은 뜻을 가졌거나 같은 일을 하면서 앞서려고 서로 겨루는 맞수 또는 적수나 경쟁자'로 나와. 여기서 '겨루다'를 잘 살펴야 해. '겨루다'에는 '힘이 비슷한 것끼리'라는 뜻이 담겨 있어. 운동회를 떠올려 봐. 1학년은 1학년끼리 겨루고 6학년은 6학년끼리 겨뤄. 아울러 경기 규칙에 맞춰서 시합을 하지. 겨룬다는 건 이런 거야. 모든 경기, 겨루기에는 어떻게 겨뤄야 한다는 조건이 있어.

  네가 좋아하는 바둑을 봐도 같은 급수라고 해도 조금 실력이 떨어지는 쪽이 검은 돌을 쥐고 먼저 공격을 하잖아. 급수가 다르면 몇 점을 먼저 깔고 하지. 그런데 급수가 다른데도 그냥 맞붙는다면 공정하겠어? 그와 같이 1학년하고 6학년이 아무 조건도 없이 맞붙으라고 한다면 그건 겨루기가 아니라 마구잡이로 싸움을 부추기는 거야. 영어 '라이벌rival'은 강을 가리키는 '리버river'에서 왔어. 강가에 같이 사는 사람이라는 말이야. 같은 강물, 한 어미젖을 나눠 먹는 사이로 '남'이 아니라 한솥밥 먹는 '식구'라는 말이야. 한 배에서 나온 언니와 아우를 일컫는 거지.

우리말 '맞수'도 마주 나온 떡잎을 가리키는 말이야. 씨앗이 움터 마주 나온 떡잎으로 한 배에서 나온 사이를 일컬어. 한 몸에 달린 왼손과 오른손, 왼발과 오른발처럼 서로 모자라는 구석을 메워 주는 사이야. 보다 가깝게 견주면 왼쪽 얼굴과 오른쪽 얼굴과 같은 말이지. 왼쪽이 밉다고 베어 내면 오른쪽은 살아남을 수 있을까?

라이벌, 맞수는 더불어 살아가야만 하는 사이야. 강물이 넉넉할 때는 사이가 좋다가도 가뭄이 들어 물이 모자랄 때는 으르렁대기도 해. 그러나 역사를 짚어 보면 가뭄이 들었다고 이웃이 서로 으르렁거리며 싸우는 일은 드물었어. 기우제를 함께 지내고 힘을 모아 먼 곳에서 물을 끌어오면서 어려움을 넘어서려고 애썼지. 큰물이 들었을 때도 마찬가지였어. 이러면서도 제 논밭에서 가꾸는 벼와 채소가 더 알차기를 바라고 많이 열기를 빌면서 땀 흘려 일하고는 했지. 이런 겨룸은 이웃을 해코지하거나 피해를 주지 않아.


그러니까 너와 라이벌이라고 하는 아이를 만나서 라이벌, 맞수라는 말에는 누가 누구를 누르고 일어선다는 뜻이 담겨 있지 않다는 얘기를 건네. 학교와 학생들을 아우르고 살피는 일에는 서로 나서서 때로는 힘을 모으고, 때로는 서로 누가 더 알차게 아우르는지 겨루자고 해 봐. 모르긴 해도 그 아이도 이런 뜻을 새기고 나면 좋다고 나설 거야.

# 헐뜯기를 멈추니 모두가 우리 편

🙂 학급회의나 학생회에서 작은 문제가 하나라도 있으면 두고두고 비판하는 애가 꼭 한둘이 있어. 한 번으로 그치지 않고 어떤 문제가 하나 생길 때마다 오래전 얘기까지 끄집어내서는 쟤는 저번에 저랬고 얘는 이번에 이랬다면서 깐죽대는 거야. 그 소리가 듣기 싫어 죽겠어.

🙂 학급이든 학생회든 회의를 하면서 어떤 사안에 다른 뜻이 담겼으면 좋겠다거나 담아 낸 뜻을 제대로 소화하지 못한다고 비평하는 것은 나무랄 일이 아냐. 비난이라면 몰라도.

현상이나 사물이 옳고 그름을 가리어 밝히는 것을 가리키는 '비판'과, 사물이 옳고 그르고 아름답거나 그렇지 못함을 가려 가치를 매기는 '비평'은 비슷한 말이야. 이 두 낱말은 모두 사물이나 일어난 일을 겨눠. 그러나 비난, 헐뜯기는 '남이 저지른 허물을 드러내거나 꼬집어 나쁘게 말하는 것'을 일컫는 말로 사람을 겨누는 화살이야. 비난은 비판이나 비평과는 결이 아주 다른 말이지. 그러니까 어떤 문제를 다룰 때 쟁점만 놓고 얘기하면 비판이나 비평이 되고, 쟁점 소용돌이 안에 서 있는 사람까지 싸잡아 꼬집는 것은 비난, 헐뜯기라고 해야 해.

어떤 문제를 놓고 회의를 할 때도 마찬가지야. 어떤 사람이 말하는 결이 나와 다르다고 해서 그 사람을 몰아세우거나 미워해서는 안 돼. 뜻이 다를 뿐인데 그 사람이 나쁘다고 생각하는 건 잘못이야.

"비난을 멈추니 모두가 우리 편"이라는 말은 내가 발행인으로 있는 잡지에 몇 해 전 실린 수필 제목이야. 세월호 참사가 벌어진 그해, 딸을 셋 둔 어머니가 가만히 있으면 아이들이 이런 세상에서 살 수밖에 없다는 마음에 피켓을 들고 거리로 나섰어. 세월호 참사가 벌어진 까닭을 하루 빨리 밝혀 달라는 서명을 받으려고 그랬지. 그런데 반응이 싸늘했어.

"애들이나 잘 키우지. 이럴 시간 있으면 돈이라도 벌어. 왜 툭하면 데모질이야!" "도대체 진실이 뭐냐? 진실이 있기나 해? 어느 정당 소속이야?" "나라 말아먹을 빨갱이들!"

이 어머니는 사람들이 모두 안타까워할 거라고 믿어 의심치 않았어. 누구라도 마음은 있는데 선뜻 나서기 쉽지 않을 뿐이라고 여기고, 저라도 나서서 도우려 했던 거였지. 그런데 사람들은 그런 마음을 알아주지 않았어. 둘레 건물 관리인도 "현수막 여기다 걸지 말아요! 거리가 지저분하고 살 수가 없어. 어서 치워요!" 하면서 언짢아했지. 한 시간만 걸었다가 내릴 거라고 사정했지만 막무가내로 떼라고 삿대질하고. "점점 외딴 섬이 되어 가는 느낌"이었대. 이 어머니는 '피켓을 들고 나 하나 나온다고 해서 세상이 바뀌는 것이 아닌데 가만히 있을걸…' 하는 마음이 들면서 그만, 힘이 빠졌어.

좋은 뜻으로 거리에 나왔는데 다들 몰라 주고 미워해서 마음이 많이 아팠겠다. 나라면 그쯤에서 그만두었을 것 같아.

이 어머니도 그럴 뻔했지. 그런데 그때 마침 방학을 맞은 중학생 딸이 함께하겠다고 나서는 것 아니겠어. 어머니는 힘을 얻어 다시 거리로 나갔어. 둘이 하니까 마음도 놓이고 모녀들이 와서 서명을 하는 사람도 적지 않았지.

시위를 마치고 돌아서면서는 길거리에 널려 있는 담배꽁초와 쓰레기를 치워서 둘레를 말끔히 했어. 이렇게 돌아갈 차비를 하는 걸 보고 떡볶이를 파는 아주머니가 따끈한 국물이라도 마시고 가라고 손짓하더래. 이때 '아, 사람들은 모든 걸 제 처지에서 바라볼 수밖에 없구나!' 하는 마음이 들어서 정부를 비난하는 말들을 빼고 문구를 이렇게 바꿨어.

"저는 제 아이를 안전한 나라에서 살게 하고 싶은 엄마입니다."

그랬더니 사람들 호응이 올라갔어. 서명이 하루 1백 명을 넘기도 하고, 피켓과 서명대를 맡기고 다니라는 가게 주인도 생겼대. 길 가던 이들이나 가게를 하는 사람들이 생수와 두유를 건네기도 하고. 하루는 건물 관리인 아저씨가 추운데 몸이라도 녹이고 하라고 불러서는 "애기 엄마, 유가족이우?" 하고 묻더래. 어머니는 말이 나오지 않아 꾸벅 고개를 숙이고 나오면서 속으로 '우리 모두 유가족인걸요. 우리 아이들이잖아요.' 하고 곱씹었어.

그때 떠오른 말이 "비난을 멈추니 모두가 우리 편"이었대.

# 말이나 글만으론 부족할 수 있어

🧒 할아버지, 어저께 찬이하고 카톡을 하다가 작은 오해가 생겨서 다퉜어. 어째서 카톡이나 문자로 하면 자주 오해가 빚어질까?

👴 문자에는 감정을 담을 수 없어서 그래. 우리가 말을 주고받을 때는 말뿐 아니라 손짓 발짓과 같은 몸짓, 눈빛이나 낯빛으로 뜻을 두루 밝히고 있어. 그런데 아무것도 보이지 않는 글이 되면 감정을 오롯이 드러내기 어려워. 그래서 오해가 빚어지면서 다툼이 일어나고는 하지.

손짓 발짓을 비롯해 몸짓과 낯빛 그리고 눈길까지 그 하나하나가 다 말씀이야. 하다못해 돌아서서 걸어가는 뒷모습까지 말씀이라고 해도 지나치지 않아. 갓 태어나 말을 하지 못하는 아기조차 제 뜻을 힘껏 드러내려고 온몸을 쓰지.

온 세계가 기억하는 몸으로 한 말도 있어. 지금은 독일이 한 나라 지만, 1990년에 다시 통일이 될 때까지 독일은 서독과 동독으로 나뉘어 있었어. 제2차 세계대전을 일으킨 책임을 물어 국제 사회에서 갈라 놓은 거지. 그 가운데서 서독 총리이던 빌리 브란트가 폴란드 를 찾았을 때 일이야. 1970년 12월 7일, 쌀쌀한 초겨울에 비까지 뿌리던 날이었지. 빌리 브란트는 빗발치는 폴란드 사람들 반대를 무릅쓰고 바르샤바에 있는 유대인 추모비를 찾아. 취재를 하려는 기자들과 "여기가 어딘데 뻔뻔하게 나서느냐!"는 성난 폴란드 사람들이 구름떼처럼 몰려들었어.

우산도 쓰지 않은 채 비를 맞으며 추모비 앞에서 말 없이 고개를 숙여 묵념을 올린 빌리 브란트는 고개를 들고 뒷걸음질을 해. 다음 움직임을 따라잡으려는 기자들이 발 빠르게 빠져나가려는 바로 그 때, 빌리 브란트가 털썩 무릎을 꿇어. 순간 사람들은 얼어붙고 말았어. 한 나라 정상이 다른 나라에 가서 무릎을 꿇는 일은 이제까지 없던 일이기 때문이야.

이 모습은 온 누리 사람들에게 진심 어린 독일을 알렸어. 나치 강제 수용소에서 살아남은 당시 폴란드 수상 요제프 키란티예비츠는

빌리 브란트를 끌어안고 하염없이 눈물을 쏟았대. 그 모습을 언론은 이렇게 그려. "무릎을 꿇은 것은 한 사람이지만, 일어선 것은 독일이다." 진정 어린 뉘우침은 가해자가 할 수 있는 오롯한 몸짓이라고 할 수 있어.

빌리 브란트는 이렇게 말해. "치욕스런 독일 터무니가 고스란히 드러난 곳에서 나치에게 목숨을 앗긴 수많은 넋을 만나는 순간 할 말을 잃었습니다. 말로 드러낼 수 없을 때 할 수 있는 것을 했을 뿐입니다."

이 얘기를 하다 보니 또 하나가 떠오르네. 커다란 장애를 가진 이들이 기관에서 만든 시설에서 벗어나 제 힘으로 살아갈 수 있도록 하겠다는 야무진 꿈을 가진 사업가가 있었어. 이 회사에서는 화장지와 복사지를 만들어 납품했지. 사장을 비롯해서 모든 이가 장애 1, 2급인 이 회사에서, 자폐장애 1급으로 마흔 살이 넘도록 노점상을 하는 어머니 곁을 맴돌던 사람을 묻지도 따지지도 않고 뽑았어. 이 사람에게 화장지 담는 일을 하도록 하려고 숫자 세는 것을 가르쳤지만 한 해가 넘도록 여섯까지밖에 세지 못했대.

어느 날 이 사람이 저도 화장지를 담겠노라고 떼를 썼어. 숫자를 세지 못해 안 된다고 알아듣도록 얘기했지만 막무가내로 우기는 바람에 하는 수 없이 맡겨 봤대. 어차피 하지 못할 게 빤하다고 여기면서. 어떻게 됐을까? 열두 개들이 포장은 말할 것도 없이 스물네 개들이 포장도 거뜬히 해냈다는 거야. 숫자를 세지 못하는 사람이 어떻게 담을 수 있었을까? 비결은 바로 눈썰미야. 숫자는 세지 못했지만 얼마나 담아야 하는지 눈여겨보고 머리에 새겨 뒀던 거지.

말은 뜻을 드러내는 표현 가운데 하나일 뿐, 일머리를 풀어 가는 것은 머리와 몸이라는 걸 알 수 있도록 해 주는 얘기야.

다섯.
슬기를
모아 볼까

# 좋은 인상을 남기려면 어떻게 해야 하지?

할아버지, 그전에는 몰랐는데 학생회 부회장을 맡고 보니 아무래도 애들한테 좋은 인상을 심어 줘야 할 것 같아. 그러려면 말을 어떻게 해야 할까?

어려운 주문이구나. 좋은 인상을 심기란 하루아침에 되는 일이 아닌데….

일본에 타니타라고 3대를 이어 오는 체중계 만드는 회사가 있어. 2대째 경영자 타니타 다이스케 회장이 대를 이어 경영을 맡고 나서 거듭 고민한 건 '우리 회사 머리 과제가 무엇일까?'였어. 회사가 세상에 있어야 하는 까닭을 끊임없이 고민하다가 문득 이런 생각이 떠올랐어. '우리는 체중계를 만드는 회사인데, 사람들은 어째서 몸무게를 잴까?' 벼리 너는 어째서 몸무게를 재?

🙂 응? 그거야 당연히 뚱뚱해지기 싫어서지. 몸이 많이 마른 내 동무 나리는 살이 더 빠지지 않도록 하려고 몸무게를 잰다지만, 우리 반에서 그런 애는 걔밖에 없어.

🧑 사람은 누구나 스스로 적당하다고 생각하는 몸무게가 있어. 그래서 이보다 많이 나가면 밥을 덜 먹거나 운동을 하고, 적게 나가면 '내가 요즘 좀 무리하나 보다.'라는 생각에 쉬는 시간을 늘리고 잘 챙겨 먹지.

다이스케 회장은 사람들이 대부분 제 몸이 얼마나 튼튼한지를 알려고 몸무게를 잰다고 생각했어. 그리고 거기서 멈추지 않았지. '정말 몸무게가 다일까? 몸에 지방이 얼마나 많은지가 건강에 더 중요하지 않을까?' 하는 데까지 생각이 미친 거야. 이 혼잣말 바탕에서 태어난 것이 요즘 피트니스 클럽이나 사우나에서 심심치 않게 볼 수 있는 체지방 측정기야.

진짜 얘기는 이제부터야. 다이스케 회장은 체중이건 체지방이건 결과 값이라고 생각했어. 그렇다면 중요한 건 결과를 만들어 내는 입력 값이 돼. 건강을 낳는 입력 값이라… 너는 무엇이 건강을 낳는다고 생각해?

음… 몸이 튼튼해지려면 먼저 잘 먹어야 하지 않을까? 그리고 잠도 잘 자고, 운동도 알맞게 해야 하고. 그리고 시험 때만 되면 밥맛도 없어지고 기운도 빠지고 하는 걸 보니 마음도 편해야 할 것 같아.

딩동댕! 벼리는 스스로를 잘 챙기고 있구나. 네 건강이라면 마음을 놓아도 되겠는데.

네가 말한 네 가지 가운데 다이스케 회장은 먹기에 눈길을 돌려. 그래서 회사 1층에 사원식당 문을 열면서 상차림은 현미밥을 비롯해 건강 식단으로 꾸몄어. 그리고 마을 사람들도 와서 밥을 사 먹을 수 있도록 해서 한 마을에 사는 이들 건강도 보듬으려고 했지.

무더운 어느 여름날, 다이스케 회장이 모처럼 사원식당에 들렀는데 사람이 별로 없는 거야. 게다가 밥을 먹고 있는 직원들 표정도 밝지 않았어. 음식을 먹어 본 회장은 쓴웃음을 지었지. 맛이 없었거든. 거친 현미밥이니, 오래 씹지 않고 서둘러 삼키는 젊은이들은 맛을 느끼기 더욱 힘들었겠지. 다이스케 회장은 다시 한 번 뒤집어 생각해. '현미밥이라고 꼭 맛이 없어야 하나?'

한 해 동안 궁리에 궁리를 거듭한 끝에 몸에 좋고 맛도 좋은 식단을 짜고는 식단이 주는 건강 효과를 적극 알렸어. 어떤 식단이 당뇨에 좋고, 어떤 재료가 혈압과 체지방을 낮추고, 어떤 재료가 변비에 좋은지 따위를 말이야. 그렇게 해서 사원식당 밥을 한 해 동안 꾸준히 먹은 어느 직원 몸무게가 무려 21킬로그램이나 줄었다는구나. 현미를 먹으면 살결이 고와진다는 말에 여직원들도 부지런히 사원식당에서 밥을 먹었어.

사원식당이 유명세를 타면서 조리법을 알려 달라는 목소리가 커졌지. 그래서 건강 요리법을 담은 책을 펴냈는데 자그마치 5백만 부가까이 팔렸고, 〈체지방계 타니타 사원식당〉이라는 영화까지 나왔어. 조리법만으로 만족하지 못한 독자들은 같은 식단을 가진 밥집을 열어 달라고 또 아우성쳤어. 여론에 떠밀려 도쿄역 가까이에 밥집 문을 열고 점심만 팔았는데 사람들이 아침 여덟 시부터 줄을 섰다는구나.

이 식당에서 쓰는 밥공기에는 금이 두 개 그어져 있는데 아래쪽 금은 100그램, 위쪽 금은 150그램을 가리켜. 식탁마다 놓인 저울엔 '- 240'이라고 표시돼 있어. 밥공기 무게가 240그램이니 빼고 셈하라는 뜻이야. 알아서 밥을 떠서 밥공기를 올려놓으면 밥을 얼마나 먹는지를 알 수 있지. 밥상마다 타이머도 놓여 있는데, 20분 동안 꼭꼭 씹어 먹으라고 그렇게 한 거야.

여기저기서 이 밥집을 열어 달라는 아우성이 빗발쳤고, 그에 따라 47개 현마다 한 개가 넘는 밥집을 열기로 했어. 아울러 아침밥과 저녁밥을 집으로 배달하는 사업도 새로 시작했대.

다이스케 회장은 '우리 회사가 세상에 있어야 하는 까닭이 무엇인가?'를 고민한 끝에 '타니타야말로 우리 몸을 참답게 보듬는 회사'라는 생각을 사람들 머릿속에 심을 수 있었던 거야.

간추려 볼까? '우리 회사는 무엇을 하는 회사인가? 체중계를 만드는 회사다. 사람들은 몸무게를 왜 재는가? 몸이 튼튼한지 알려고 잰다. 몸을 망치는 건 무엇인가? 몸무게가 아니라 비만이다. 비만에서 벗어나려면 체지방을 잡아야 한다. 체지방을 줄이려면 운동하기 못지않게 좋은 먹을거리를 넘치지 않도록 먹어야 한다.' 회사가 있어야 하는 까닭을 거듭 고민했더니 사회에 기여도 하게 되고 이익도 늘어났다는 얘기야.

아하! 좋은 인상을 줘야겠다며 머리를 싸맬 게 아니라, 더 깊숙이 들어가 '우리 학교에 학생회가 있어야 하는 까닭, 좋은 학생회를 만드는 데 내가 할 수 있는 일'이 무언지를 짚어 보면 되겠구나.

옳거니. 척하면 척이네.

# 반말을 해도 될까, 존댓말 써야 할까

🙂 할아버지, 할아버지한테 반말을 하면서도 이따금 속이 찔리거든. 엄마 아빠한테도 꼬박꼬박 존댓말을 하는 애들이 적지 않은데, 그걸 보면서 내 말버릇을 고쳐야지 하다가도 막상 할아버지 앞에 서면 쑥스러워서 존댓말이 쏙 들어가 버리고 말아. 어쩌지?

🧑 애쓸 것 없어. 존댓말을 쓰느냐 반말을 하느냐보다 서로 도두 보며 뜻을 받드느냐 하는 것이 더 중요해. 겉으론 높임말을 쓰면서 속으로 그러지 않는 것이 문제지. 나도 그걸 놓고 생각을 많이 해 봤어. 내가 아이 버릇을 버려 놓는 게 아닌가 하고. 너를 보고 그 생각을 한 게 아니야. 네 엄마뻘인 내 딸도 어른이 되어서까지 내게 말을

놓고 있거든. 할머니는 그 일로 걱정도 적잖이 하셨지.

히딩크 감독 알아? 2002년에 우리나라 축구 국가대표팀이 월드
컵 4강 신화를 이뤘을 때 팀을 이끈 분이야. 이분은 부임하자마자 선
수들을 모아 놓고 경기장 안에서는 누구나 한 가지(평등)니까 선후
배 가릴 것 없이 말을 놓고 서로 이름을 부르자고 했어. 막내 이천
수가 최고참 홍명보에게 "명보, 여기!" 하며 말이야. 어째서 그랬을
까? 개개인이 지닌 기술을 팀이 더불어 쓸 수 있도록 바꿔 주려는
뜻이었지.

히딩크 감독은 "골은 팀이 내주고 팀이 넣은 것"이지 개개인이 골
을 먹고 골을 넣는 것이 아니라고 했어. 따라서 무엇보다 팀워크가
앞서야 하고 그때그때 상황에 맞게 전술을 펼쳐야 하는데, 선배랍시
고 이래라저래라 하고 후배는 이를 고스란히 따르기만 한다면 현장
에 맞는 팀플레이가 나올 수 없다는 거지. 히딩크 감독은 감독이 하
라는 대로만 하지 말고 제 생각과 다르다면 언제든 따질 건 따지라고
했대. 높낮이 없이 팀이 나아질 수 있는 쪽으로 나아가자는 얘기지.

누구 하나 가릴 것 없이 서로 반말을 주고받았다는 데 여러 가지
생각거리가 있어. 서로 '해라'를 하면 처음에는 거북할지 몰라도 길
이 들면 무척 가까운 느낌이 들어. 서로 '합시오'를 할 때보다 속내를

털어놓기가 한결 쉬워지지. 우리나라 사람들은 서로 높임말을 쓰는 일도 적지 않지만 대부분은 나이가 많은 사람은 말을 내려 쓰고 어린 사람은 올려 쓰지. 그렇지 않으면 힘을 가진 갑이나 남성은 '해라' 투고, 힘이 없는 을이나 병, 여성은 '합시오' 투를 쓰는 일이 잦아. 사람을 자꾸 위아래로 갈라놓는 말버릇이야. 한쪽은 올려 말하고 한쪽은 내려 말하는 말본새는 나라를 다스리는 힘 있는 이들이 힘없는 백성들이 허리를 숙이도록 만든 말버릇이 아닌가 싶어서 마뜩지 않아.

프랑스에서는 나이를 따지지 않고 반말을 하는 자리에선 누구에게나 서로 반말을 하고, 존댓말을 쓰는 자리에선 누구나 존댓말을 한대. 위아래가 아니라 거리감에 따라 반말과 존댓말을 쓰는 거지. 가깝다고 여기는 사람끼리는 반말을 쓰고 조금이라도 거리감이 있다고 느끼는 사이에서는 서로 존댓말을 쓰지, 한쪽은 존댓말을 하고 다른 쪽은 반말을 하는 일은 없다고 해.

유치원생과 초등학생 들은 교사와 서로 반말을 하고, 부모와 아이도 거의 반말을 한대. 그렇지만 중고생, 대학생이 되면 흔히 교사, 교수 들과 서로 존댓말을 쓴다는구나. 서로 반말을 하거나 존댓말을 하는 것이 사람 사이를 평등하게 만드는 '씨앗'이 되지 않을까.

# 가르치려 들지 말고 가리켜야

 부회장일 뿐인데도 무척 부담스럽네. 벗들이나 후배들한테 뭘 하나라도 가르쳐 줘야 한다는 생각이 자꾸 들거든.

 그것이 뭐든 먼저 안 사람이 아직 모르는 사람에게 알려주는 게 가르침이잖아. 그런데 나는 가르친다고 하면 어쩐지 잘난 사람이 못난 사람을 이끌어 준다는 것 같은 생각이 들어. 가리킨다고 하면 어깨동무하며 일러 주는 것으로 받아들여지고. 당나귀를 물가로 데리고 갈 수는 있지만 그 물을 먹고 말고는 당나귀 몫이라는 얘기가 있어. 그렇듯이 길이 여기라고 가리키고 더불어 걸어갈 수는 있지만 억지로 끌고 갈 수는 없지 않을까.

우리가 모임을 만드는 것은 더불어 앞길을 열려는 데 그 뜻이 있어. 아무도 내일을 살아 본 사람은 없어. 어제에 살 수 있는 사람도 없고. 우리는 늘 오늘이라는 새 길을 가고 있다는 것을 놓쳐서는 안 돼. 어제 겪은 건 어제라는 길에서 알았던 거야. 오늘 걸어야 할 이 길에서 어제 겪은 그대로 해도 되는지는 아무도 몰라.

요즘 어떤 사람들은 인공지능을 비롯해 3D 프린터니 사물인터넷이니 블록체인이니 하는 것들이 나타나는 바람에 일자리가 줄어든다고 겁을 주잖아. 그러나 앞으로 어떻게 될지는 너도 모르고 나도 모르는 일이야. 앞서서 가는 사람이라고 해도 '앞으로 이렇게 되지 않을까?' 하는 데 머물 뿐이지.

무엇이 튀어나올지 모르는 길을 혼자서 가면 두렵잖아. 더불어 가야 해. 너도 모르고 나도 모르지만 머리를 맞대고 더 바람직한 쪽으로 가려고 애쓰는 사이에 좋은 열매를 맺을 때가 적지 않아.


그럴 때 내가 뭘 알고 있다는 생각은 내려놓는 게 좋아. 앞서 얘기했듯이 내가 알고 있다는 생각과는 달리 사실은 모르고 있기가 쉽거든. 더군다나 뭘 안다고 생각하면 바득바득 우기기 쉬워. 그러면 바람직한 쪽으로 뜻을 모으기도 어려울 거야. 그러나 뭘 잘 모를 때엔 드세게 제 주장을 펴는 사람이 드물어. 그러니까 사람들은 모름지기 모름을 지킬 때 겸손해지면서 서로 힘을 모을 수 있어. 철학자 소크

라테스가 "너 자신이 아무것도 모르고 있다는 것을 알라!"고 한 까닭도 이와 닿아 있지.

물론 누구보다 앞서 길을 찾은 사람이 있다면 저 길로 가야 한다고 가리킬 수밖에 없어. 그런 사람이 길라잡이야. 여기서 더 나아가 저 길로 같이 가자면서 나서는 사람이 있다면 좋은 벗일 테고. 이런 길동무들이 하는 말은 "같아지자."가 아니야. 달라도 "같이 가자."고 하거나 "같이 살자."고 하지. 달라야 서로에게 모자라는 것을 메워 줄 수 있어.

# 회의를 하면서 놓치지 말아야 할 것

🙂 회의를 할 때 말하는 데만 빠져 있다 보면 애초에 뭘 말하려고 했
는지를 잊고 말아. 또 열심히 말을 하고 듣다 보면 시간이 금세 지나가.
시간을 다투는 일을 놓고 회의할 때도 마찬가지야. 매듭을 짓지 못했는
데 시간이 다 지나서 일어날 수밖에 없을 때가 가끔 있어.

🙂 나도 그럴 때가 적지 않아. 그런데 회의 진행을 잘하는 이들을
보면 시간을 잘 배정하고 사람들이 하는 말을 알맞게 끊어 내는 솜
씨가 남다르더구나.

토론 진행자 하면 뉴스 진행자인 손석희 씨가 떠올라. 여러 해 전
유명한 토론 프로그램을 아우르면서 이분이 가장 많이 한 말이 뭐였

을까? "시간 다 쓰셨습니다."래. 그만 말씀을 줄여 달라는 얘기지. 그런데도 거듭 말이 이어지면 마이크를 툭 꺼 버렸어. 계속 비행하려고 하는 이들을 강제로 착륙시키는 것이지. 더 길게 말을 하면 비행 어른이 되고 말지도 모르니까.

🧑 에이, 썰렁해. 그러니까 시간을 먼저 정해 두고 말을 하라는 거지?

👨 그래. "이륙은 선택이지만 착륙은 필수"야. 달이 차면 기울고, 여행을 떠난 다음에는 집으로 돌아오잖아. 그렇듯이 말도 시작했으면 잘 끝내야 해. 그럴 때 자기가 말하는 시간을 미리 정해 두면 얘기줄기를 알맞게 세우는 데 도움이 될 거야.

그런데 그보다 더 중요한 건, 말을 하는 까닭을 미리 분명하게 해 두는 거야. 이를테면 회의를 시작하면서 회의를 하는 까닭이 무엇인지 먼저 밝혀 두는 거지. 아울러 본론에 들어가기 앞서 한 사람 한 사람 돌아가면서 이번 회의에서 무엇을 얻고 싶은지를 밝히면 좋아. 딱히 그런 생각이 없는 사람은 요즘 어떻게 지내는지를 가볍게 밝혀도 좋고.

회의에 들어서면 한 사람 한 사람 돌아가면서 뜻을 밝히도록 하는데, 한 번에 한 사람에게 주어진 시간을 알려 줘. 그 시간보다 더 쓸수는 없다고 못박는 거야. 아울러 회의에 들어가기 전에 회의를 하면서 놓치지 말아야 할 것들을 함께 정리한 다음 소리 내어 읽어 봐.

🧑 회의를 할 때 놓치지 말아야 할 것? 서로 헐뜯는 말을 하지 않겠다, 뭐 이런 걸 말하는 거야?

👴 맞아. 내가 회의를 할 때 함께 읽곤 하는 게 있는데 한번 들어 볼래?

**뜻을 벼리는 얘기마당 마음가짐**

1. 우리가 어떤 사실을 알고 있다고 하더라도, 저마다 느낌과 판단을 거친 것입니다. 얘기마당에 함께하는 사람들 뜻이 모두 모이기 전에는 함부로 잘라 말하지 않습니다.

2. 다른 사람이 말을 할 때는 내 생각을 내려놓고 상대가 말하는 맥락을 놓치지 않도록 깊이 듣습니다.

3. 다루는 쟁점과 다뤄지는 사람을 떼어 놓고 듣고 말합니다.

4. 뚜렷하게 알지 못하면서 이럴 것이라고 지레 짐작하며 말하지 않습니다.

5. '누구 말이 옳은가?'를 짚는 것이 아니라 '어떻게 하는 것이 올바른가?'를 다루는 것이니, 내 생각에 맞서는 뜻이 나오더라도 내게 맞서는 것은 아니라는 것을 늘 새깁니다.

6. 매듭을 짓는 자리가 아닐 때에는 자연스럽게 제 뜻을 내놓고 할 말이 없으면 지나칩니다. 아귀를 지어야 할 때라면 뜻이 모일 때까지 얘기바람을 일으킵니다. 그러나 아귀가 옹글게 지어지지 않았을지라도 마무리할 수밖에 없다면 결론에 매이지 않습니다.

7. 한 번 말할 때 3분을 넘기지 않습니다.

물론 회의 성격에 따라 이 내용을 바꿀 수도 있어. 회의 시간에 견줘 참석자가 많다면 말하는 시간을 줄일 수도 있고, 사람이 많지 않다면 말하는 시간을 넉넉히 줄 수도 있지. 아울러 회의를 마칠 때는 바람직한 열매를 맺든 그렇지 못했든지 간에 돌아가며 마무리하는 말을 할 수 있는 틈을 갖는 거야. 그래야 저마다 회의를 하면서 바뀐 제 모습을 돌아볼 수 있거든.

다음에는 '회의를 하면서 놓치지 말아야 할 것'을 정하는 회의를 해야겠어. 동무들과 뜻을 모으는 튼튼한 바탕이 마련될 것 같아.

# 안전하다고 느껴야 얘기가 터져

🙂 할아버지, 회의 때 한 마디도 섞지 않고 가는 애들이 적지 않아. 상규만 해도 그래. 얼굴을 보면 불만이 가득한데 입도 뻥끗하지 않더라고. 어떻게 하면 애들이 한 마디라도 하고 가도록 할 수 있을까?

😊 그러게. 한 마디라도 나눠야 회의에 온 보람을 느낄 수 있으련만. 회의에 온 아이들이 빠짐없이 제 뜻을 펼칠 수 있도록 하려면 무엇보다 먼저 마음이 놓이도록 해야 해. 내가 어떤 말을 하더라도 해를 입지 않을 수 있다는 믿음을 줘야 하지. '자칫 말실수라도 하면 어떻게 하지?' 하는 두려움을 느끼면 끼어들기 어려워. 뭘 고쳐야 한다는 말을 하기는 더더욱 쉽지 않고. 그래서 회의를 아울러야

하는 살림지이(운영위원)들은 회원들이 안전하다고 믿도록 하는 걸 머리 과제로 여겨야 해.

그렇지만 살림지이들만 조심한다고 회원들이 믿음을 갖게 되지는 않아. 회원이 말을 할 때 말을 자르고 들어온다든지 말을 하고 있는데 관심 없다는 듯이 딴청을 피우는 회원이 있다면 숫기 없는 회원들은 말할 엄두를 내지 못하거든. 어떤 사람은 누가 말을 할 때 볼펜 따위로 탁자를 톡톡 치기도 하고 피곤한 티를 내며 엎드리기도 해. 아예 대 놓고 기지개를 켜거나 하품을 하는 사람도 있어. 이처럼 회의 진행을 훼방 놓는 헤살꾼이 있을 때 분위기를 돌려놓지 않으면 안 돼.

이럴 때 회의를 아우르는 사람은 헤살꾼이 무안하지 않도록 웃음을 머금고, 말하는 사람을 지극히 바라보기도 하면서 분위기를 띄워야 해. 다른 사람들이 눈길을 다시 모을 수 있도록, 말하는 사람에게 간단한 물음을 던지고는 답변에 "아하! 그렇군요." 하는 추임새를 넣어 분위기를 잡아 주면 더 좋지. 사려 깊고 자상한 이런 태도는 흐트러지려고 하는 기운을 막아 회원들이 마음을 놓도록 돌려놓곤 하지. 꼭 회의를 아우르는 살림지이가 아니더라도 누구나 이 노릇을 해낼 수 있어.

이렇게 회의 분위기를 살리는 데 한몫을 거드는 사람이 있으면 금

세 회의에 생기가 돌아. 분위기를 되잡았다면 다른 사람에게 눈길을 돌려 "이 친구가 내놓은 이 생각을 어떻게 받아들여요?" 하고 물으면서 회의를 아울러 봐. 그러면 마음이 놓인 아이들은 서로 도두보며 얘기 고리를 이어 나갈 수 있어.

티 나게 나서지 않고 은근히 말할 수 있는 분위기를 띄우고, 서로 이어져 있다고 느낄 수 있는 환경이 됐기 때문에 산으로 가려던 회의가 항구로 돌아왔어. 회의라는 배가 이토록 차분히 닻을 내린 까닭은 구성원들이 똑똑해서가 아니라 안전하다고 느꼈기 때문이야. 놓치지 말아야 할 건 헤살꾼에게 대 놓고 그만두라거나 자세를 바로 하라고 말하지 않아야 한다는 거야. 헤살꾼도 품어야 할 우리 회원이니까.

한 가지 더 얹으면, 진행자는 어떤 아이가 말이 어눌하거나 말하기가 서툴러서 제 뜻을 또렷이 드러내지 못하더라도 귀담아듣고 그 뜻을 제대로 헤아리도록 해야 해. 그리고 헤아린 뜻을 간추려 말하면서 "이런 말이었지?" 하고 되묻는 거지. 말을 한 아이가 그렇다고 하면 "이 친구가 내놓은 이 의견을 어떻게 생각하느냐?"고 그 자리에 있는 아이들한테 물으면 돼. 아울러 어떤 아이가 말실수를 하더라도 실수를 좇기보다 그 애가 전하려고 했던 뜻을 꺼내 올려놓고 얘기바람을 일으켜야 해. 이렇게 하면 아무리 말을 잘하지 못하는 아이라고 해도 두려움이 사라져 마음 놓고 얘기할 수 있다고 여길 수 있지 않겠어.

또 하나, 누구나 말을 터놓고 할 수 있는 회의 분위기를 만들려면 회의를 열면서 모든 회원이 돌아가면서 짤막하게 제 소개를 하거나 그동안 어떻게 지냈는지 털어놓도록 하면 좋아. 모인 사람이라면 누구나 말문을 텄으니 모임이 이어지는 동안 얘기바람 속으로 뛰어들기가 한결 쉬워져.

이때 회의를 아우르는 살림지이가 그동안 실수담을 털어놓으면서 제 모자란 점을 먼저 드러내는 것도 나쁘지 않아. '쟤도 실수를 하는구나!' 하는 마음에 아이들이 부담을 내려놓기 쉽거든. 아울러 마칠 때는 회의를 하면서 느낀 것을 나눠도 좋아. 그러면 어떤 사람도 입을 다물고 돌아가는 일은 생기지 않아. 또한 한 사람 한 사람이 회의에서 나온 뜻을 떠올려 새겼기 때문에 회의가 보람찼다는 느낌을 품고 돌아갈 수 있지 않을까.

**마음 놓이는 회의 열쇠**
1. 되도록 가까이 둘러앉는다.
2. 그윽하니 눈을 자주 마주친다.
3. 다른 사람이 하는 말을 끊지 않고 귀담아듣는다.

4. 서로 많이 묻는다.

5. 짧은 시간 안에 생기 넘치는 얘기바람을 일으킨다. (회의에 들어가기 전에 해야 할 말을 미리 다듬어 짧게 말한다. 되묻거나 말을 되받을 때도 생각을 다듬어 되도록 짧게 한다.)

6. 얘기를 듣고 나서 뜻을 나눌 때 그 사람이 한 말을 간추려 말하며 제대로 들었는지를 되묻고 나서 말을 이어 간다.

7. 한 사람도 빠짐없이 말하도록 하며 깊이 어울린다. (시작할 때 모두 한 마디씩 인사를 나누고, 회의가 무르익어 뜻을 버릴 때도 모두에게 뜻을 묻는다. 마치면서 모두 돌아가며 짧은 느낌을 나눈다.)

8. 우스개를 잘 써서 분위기를 띄운다.

9. 맞장구를 치거나 추임새를 넣으며 서로 아우른다.

10. 작더라도 서로 꼼꼼히 마음을 쓴다. (조금 늦은 이에게 눈인사를 나누고, 얘기를 들으며 가볍게 고개를 끄덕이는 것과 같은 작지만 따뜻한 마음을 나눈다.)


회의에 온 아이들이 모두 쿵짝이 잘 맞는다는 느낌을 받고 돌아가도록 한다면 더할 나위 없지. 요즘에는 이런 걸 '케미'지다고 하나?

# 말문이 터지게 말을 걸고 싶어

🙍 지난번에 할아버지가 알려 준 대로 했더니 회의 분위기가 한결 좋아졌어. 그래도 아직 입을 다물고 있는 애들이 있기는 하지만. 이 애들 얘기를 들으려면 어떻게 해야 할까?

👴 그렇게 마음을 쓰는 걸 보니 벼리는 좋은 부회장이로구나. 네 물음에 내가 들려주고 싶은 얘기가 있어.

미국에 최신 구축함이 있었어. 화력이 세계 으뜸이었대. 그런데 항해 훈련을 다녀오면 승무원들이 앞다퉈 전역 신청을 냈어. 이런 일이 늘 되풀이되니 함장은 골머리를 앓았고, 해군 실적 평가에서 바닥을 기고 있었대. 그러던 어느 날 새 함장이 부임해. 그러고서 여섯 달 만에 깜짝 놀랄 만한 일이 벌어졌어. 해군들이 너도나도 이 배에 오르려고 4 대 1이나 되는 높은 경쟁을 벌이게 된 거야. 도대체 함장은 무슨 일을 했던 걸까?

함장은 배에 오르자마자 모든 승무원 삼백열 사람을 한 사람 한 사람 함장실로 불러들여서 세 가지를 물었어.

1. 이 배에서 가장 마음에 드는 건 뭔가?
2. 가장 마음에 들지 않는 것은 무엇인가?
3. 그대가 함장이라면 어디를 어떻게 바꾸고 싶은가?

면담은 한 달 반 동안이나 이어졌어. 함장은 될성부른 안이 나올 때마다 "그렇게 고치겠다."고 알리고 아이디어를 내놓은 승무원 이름을 밝혔지. 함장이 배에 오른 지 세 해 만에 평가가 으뜸으로 돌아섰어. 함장 이름은 마이클 아브라쇼프, 배 이름은 벤폴드 호야.

함장이 가장 잘한 것은 무엇일까? 아무도 없는 데서 한 사람 한 사람을 따로 만나서 생각을 털어놓도록 한 데 있어. 누구 눈치도 보지 않고 거리낌 없이 얘기할 수 있는 분위기를 만들어 준 거니까.

이어서 함장은 "내가 처음 와서 뭐가 문제인지 모르겠다. 그대 마음에 드는 것과 마음에 들지 않는 걸 알려 달라. 그대가 함장이라면 어디를 어떻게 고칠지 알려 달라."고 했어. 우두머리가 "내가 잘 모르겠는데 알려 주겠어?" 하며 제 모자람을 고스란히 드러낸다면 도와야겠다는 마음이 저절로 들지 않겠어. 내게 보탤 힘이 있다는 생각이 들면서 적어도 '내가 밀려나지는 않겠구나.' 하고 마음이 놓이지. 또 내가 내놓은 아이디어가 아니더라도 동료가 내놓은 아이디어에 따라 하나하나 바뀌어 가는 것을 보고 이 모둠이 나와 이어져 있다고 느끼면서 마음이 놓였을 거야.

우두머리는 묻는 사람이면서 듣는 사람이야. 마음이 열려 있다는 것을 구성원들에게 알릴 수 있는 길은 조용히 묻고 귀담아듣는 거야. 한편으로는 좋은 얘기가 나올 때마다 새겨 두고 공동체 구석구석을 하나하나 다듬어 가면서 새로운 결을 이뤄 나가는 사람이지. 회의를 아우르는 운영진, 살림지이들도 마찬가지 아니겠어?

그럼 나는 회의에서 말을 안 하는 애랑은 떡볶이라도 함께 먹으면서 얘기를 나눠 봐야겠다. 뭐라도 말을 하겠지.

얘기 하나 더 들려줄까? 심리학자들이 실험을 했어. 중학생들이 수필을 쓰면 교사들이 여러 가지로 평가하도록 했지. 그리고 그 평가 가운데 어떤 되먹임 하나가 학생들 노력과 성과를 두드러지게 이끌어 낸다는 걸 알아냈어. 아주 단순한 거였지.

"이 평가는 바람직한 사람만이 받을 수 있다. 이런 말을 남기는 까닭은 바라는 바가 높기 때문이다. 학생이라면 이 기대치를 너끈히 넘어설 수 있다고 믿는다."

어디에도 무엇을 고쳐야 한다는 말이 하나도 들어 있지 않았어. 그런데도 힘을 떨친 까닭은 끈끈한 소속 신호를 보냈기 때문이야. 모두 세 가지 신호였어.

1. 너는 이 모둠에 있다.
2. 이 모둠은 남달리 수준이 높다.
3. 네가 이 기준에 이를 수 있다고 믿는다.

'너희는 이어져 있다', '너희는 남다르다', 우리는 '너를 믿는다'는 이 신호들은 학생들이 마음 놓고 실력을 드러낼 수 있도록 북돋우고 있어.

하버드 대학교 심리 안전 연구원 에이미 에드먼드슨은 "사람은 신호를 읽는 데 매우 익숙하다. 우리는 대인관계에 놀랄 만큼 날카롭다. 우리 뇌에는 늘 사람들이 나를 어떻게 생각하는지, 특히 윗사람이 나를 어떻게 생각하는지 신경 쓰는 곳이 있다. 원시 시대에는 사

회에서 내쳐지는 순간 죽을 수도 있었으니까. … 모든 모둠은 우리 뇌 안에 여태 남아 있는 이 불씨에 느닷없이 불이 붙지 않도록 미리 막아야 한다."고 했어.

우리는 모둠에서 내쳐지지 않을까 불안해하면서 저도 모르게 얼마나 자주 두려움에 휩싸이곤 하는지 몰라. 그저 소속되어 있다는 신호 한두 개만으로는 모자라. 마음 놓아도 괜찮다는 신호를 끊임없이 보내야 한다는 말이야. 틈날 때마다, 아니 틈을 내어서 서로 이어져 있다는 신호가 더불어 사는 사람 사이에서 꾸준하게 샘솟도록 해야 해.

할아버지를 만나서 얼마나 마음 놓이는지 몰라.

나도, 벼리야.

# 말다툼이 벌어졌을 때 어떻게 해?

👧 어제 학생회에서 회의하다가 두 동무가 뜻이 맞부딪쳐 세게 다퉜어. 말리려고 했는데 잘 안 되더라고. 결국 제대로 얘기도 못 나눠 보고 회의가 끝나 버렸지. 이럴 때는 어떻게 해야 할까?

👨 이런… 무척 당황스러웠겠구나. 네 얘기를 들으니 며칠 전에 본 늑대 다큐멘터리가 떠오르네.

늑대는 무리를 지어 사는 동물이야. 늑대 무리에는 우두머리가 있는데, 우두머리 늑대는 먹이를 찾고 적들에게서 무리를 지켜. 그런데 매서운 추위가 몰려오는 겨울이면 먹이가 모자라게 돼. 모진 추위가 이어지고, 몹시 배가 고파 날카로울 대로 날카로워진 늑대 무리 사이에서 싸움이 일어나기도 하지.

사납게 달려들어 싸우는 무리 속 늑대들을 우두머리가 어떻게 말릴까? "그만두지 못해? 물러서지 않는 놈은 물어 죽일 거야!" 하고 으르딱딱거릴까? 아냐. 우두머리 늑대는 이럴 때 장난을 건대. 서로 죽일 듯이 덤비던 늑대들이 우두머리가 치는 장난을 받아치다 보면 공격성이 누그러들어 슬그머니 싸움을 그만두고 만다는구나. 우두머리 늑대는 장난을 칠 생각이 어떻게 났을까? 모르긴 해도 무리를 아우르면서 늘 '살림'을 기억하기 때문일 거야.


회의를 하다가 서로 뜻이 다른 아이들이 드세게 맞붙을 때 당혹스러워하지 말아. 모임을 아우르는 이들이 어쩔 줄 몰라 하며 흔들리는 낌새를 보이면 다툼이 더 심각해질 수 있거든. 그럴 때는 행동에 나서기 전에 숨을 두세 번 천천히 조용하게 들이쉬고 내쉬면서 잠시 마음을 가다듬는 게 도움이 될 거야. 그리고 이따금 서로 뜻이 달라 목소리가 올라가고 있을 뿐 서로 미워서 다투는 것은 아니라는 걸 분명히 기억하도록 해.

너만 그러지 말고 말다툼을 하고 있는 동무들도 그걸 떠올리도록 해 줘야 해. 그러면서 웃음을 머금고 지긋이 바라보다가 다툼이 살짝 잦아든다는 느낌이 올 때 우스개를 던져 봐. 분위기가 한결 누그러질 테니까.

# 동무랑 갈등이 생겼어

🙂 학급회의를 하다가 분단장 달이와 다퉜어. 학급 스케줄을 제가 맡고 있는 분단이나 제 사정에만 맞추려고 하잖아. 한두 번도 아니고 번번이.

😊 하하, 웬만하면 맞춰 주지 그래. 다른 아이들에게 크게 불편을 끼치지만 않는다면.

🙂 뭐, 큰 불편을 줄 것까지야... 다른 분단은 어떤지, 그렇게 해도 괜찮은지 들어 보려고도 하지 않고 번번이 제 주장만 굽히지 않으려고 하니까 얄미워서 그렇지.

우리가 지내다 보면 심심치 않게 갈등에 맞닥뜨리고는 해. 갈등은 원래 나무를 왼쪽으로 감아 올라가려고 하는 칡과 오른쪽으로 감아 올라가려고 드는 등나무가 마주 감아 올라가면서 빚어지는 것을 일컬어. 서로 바라는 바가 다른 두 사람 또는 두 집단이 엉켜 매듭을 풀지 못하는 것이 갈등이란 뜻이야.

그런데 아무리 다른 뜻을 가진 사람들이라도 한자리에서 함께 살아가지 않아도 되면 갈등이 일어나지를 않아. 한군데서 같이 살아야 갈등이 일어나는 법이지. 어떻게 보면 갈등이 깊어진다는 것은 서로 떨어져서 살 수 없는 사이가 되어 간다는 뜻이기도 해.

그리고 갈등이 꼭 나쁜 것만은 아냐. 갈등을 겪으면서 자극을 받아 새로운 기틀을 마련할 동기를 찾기도 하고 아이디어가 일어날 수도 있거든. 또 갈등은 무엇을 반드시 이루겠다면서 몰입하는 계기가 되기도 해. 따라서 애써 갈등을 비껴가려고만 들지 말고 갈등이 일어나는 까닭을 똑바로 보고 헤아리려고 해야 해.

그렇다면 갈등과 잘 지낼 수 있는 방법을 찾아내야 하겠구나.

바로 그거야. 그러려면 갈등을 좀 더 깊이 알아야겠지?

잘 풀리지 않은 갈등은 이렇게 진화한대. 1단계 굳어짐, 2단계 입씨름, 3단계 어수선, 4단계 편 가르기, 5단계 갈등 깊어짐, 6단계 더불어 무너짐.

어떤 사람과 잘 지내다가 의견 충돌이 생겼어. 그러면 1단계, 서로 낯빛이 굳어지잖아. 그리고 2단계, 입씨름을 벌이지. 달이하고 너처럼 "너 왜 그래? 네 생각만 하잖아." 하고. 3단계, 집에 와서 가만히 생각해 보니 그동안 가깝게 지내던 달이 모습이 아닌 것 같고 어수선하지? 분단장을 맡기 전과 사뭇 달라진 달이를 떠올리며 '개가 저러던 애가 아닌데 분단장이 되더니 어깨에 힘이 들어갔어.' 할지도 모르고. 4단계가 재미있어. 이건 아이나 어른이나 똑같아. 바로 말다툼을 벌이기 전에 다른 사람들을 모아 놓고 "개 좀 이상하지 않아?" 하면서 제 뜻을 따르는 사람을 만들려고 하는 거야. 5단계에서는 갈등이 깊어지면서 대 놓고 말다툼을 하고 심하면 몸싸움이 나기도 해. 상대방을 떠올리기만 해도 확 마음이 상하는 걸 느끼지. 마지막 6단계에서는 더불어 무너지는 거야. 서로 사이가 아주 틀어져서 꼴도 보기 싫을 뿐만 아니라, 그 둘을 지켜보는 다른 사람들 사이에서도 문제가 일어날 수 있어.

가장 바람직한 건 1, 2단계에서 마음을 누그러뜨리고 내 생각을 내려놓는 거야. 그리고 상대방이 얘기하려고 하는 참뜻이 어디에 있는지 귀담아들으면서 하나하나 문제를 풀어 가는 거지. 그런데 내 경험에 따르면 그게 만만치 않아.

갈등은 감기처럼 늘 가까이 있는 거라서 갈등에서 도망칠 수 없대. 면역력을 높이라는 건 감기뿐 아니라 갈등에도 들어맞는 얘기야. 그러면 갈등 면역력은 어떻게 키울 수 있을까?

사실 갈등할 때 치미는 부아는 잘 살펴보면 내 머릿속에서 꾸며 내는 얘기야. '왜 나만, 늘, 내게만 이런 일이 일어나지?' 하는 생각을 하고 있잖아. 흔히, 거듭, 내게만 이런 일이 생긴다고 끊어 생각하는 거지. 따라서 생각을 싹 지우고 초기화하는 게 좋아. 숨을 천천히 조용하게 쉬면서 긴장을 늦추고 몸과 마음이 느슨하게 풀어지도록 놔 두는 거야. 그렇게 내 모습을 덤덤히 바라보면 '내'가 주인공인 생각들이 가라앉고 갈등이 조금은 만만하게 보이기 시작할 거야. 그러다 보면 갈등을 해결할 실마리를 찾아낼 수 있을지도 모르지.

# 어떻게 해야 갈등이 덜 일어날까

 이제 갈등이 뭔지 알 것 같아. 그런데 할아버지, 갈등이 일어나기 전에 막을 수는 없을까? 병이 나기 전에 건강을 잘 지켜야 힘이 덜 드는 것처럼, 갈등도 생기기 전에 다스리면 더 좋을 것 같아. 갈등 싹을 모두 잘라 낼 수는 없겠지만 노력으로 갈등을 줄일 수는 있지?

 네 말이 맞아, 벼리야. 어쩔 수 없는 갈등도 있지만 싹이 트기 전이나 싹이 더 커지기 전에 다스릴 수 있는 갈등이 더 많아.

나는 갈등이 생각이라는 씨앗에서 움튼다고 봐. 우리는 흔히 상황을 제 편의에 맞도록 간추려 지레짐작하고 말아. 특히 사이가 좋지 않은 사람하고 얘기할 때엔 상대방이 하는 말에 담긴 속셈을 제멋대로 단정 짓고는 하지. 그렇게 제 생각 속에 갇혀 버리면 상대방과 점점 더 부딪히게 돼. 서로 아는 것도 바라는 것도 다르니 그럴 수밖에. 따라서 갈등을 빚지 않으려면 먼저 '쟤가 저런 생각에서 이랬을 거야.' 하는 것과 같은 어림짐작을 하지 말아야 해.

갈등을 줄이고, 아울러 일어난 갈등에서 벗어나는 방법이 있어. 모두 여섯 단계로 이뤄져 있지.

### ● 1단계: 살핌

넘겨짚지 말고 '살피'는 거야. 우리는 상대가 하는 말을 듣고 바로 넘겨짚고는 하는데, 그러지 말아야 해.

이를테면 별로 사이가 좋지 않은 아이가 나를 보고 웃으면서 교실에 들어왔다면 바로 이런 생각이 들기 쉽지. '저 자식 왜 날 보고 웃어?' 이때 이러지 말고 '쟤가 웃었다.'라고 살핀 사실만 받아들이는 거야.

### ● 2단계: 느낌 알아차림

상대방이 한 말이나 태도를 보고 넘겨짚어 반응하지 않도록 애써 봐. 처음에는 잘되지 않겠지. 그래도 그저 받은 '느낌'만 떠올리도록 해 보는 거야.

별로 사이가 좋지 않은 아이가 나를 보고 웃으면서 교실에 들어

오니 '화가 나네.' 또는 '살짝 당황스럽네.' 하고 내가 받은 느낌을 알아차리는 거지. 이러면 마음에 내키지 않는 일이 있을 때 바로 반응이 튀어나오지 않을 수 있어. 이렇게만 해도 '그때 좀 참을걸…' 하고 뉘우칠 일이 덜 생길걸.

### ● 3단계: 살핀 것과 느낌만 말하고, 바람을 얘기하기

상대방 태도를 보거나 말을 듣고 일어난 내 '느낌을 알리기'야. 내가 살핀 것과 받은 느낌을 뚜렷하고 좋은 말에 고스란히 실어 건네야 해.

별로 사이가 좋지 않은 아이가 나를 보고 웃으면서 교실에 들어오는 걸 보고 이렇게 말하는 거야. "무슨 좋은 일 있었나 봐. 웃는 걸 보니." 아니면 "네가 날 보고 그렇게 웃으며 들어오니 살짝 당황스럽네."

바라는 게 있다면 그걸 말해도 좋아. "다음부터는 좀 더 활짝 웃어 주면 더 좋을 것 같아." 하는 식으로. 듣기 싫은 얘기 같은 걸 들었다면 성내지 않고 "네가 그렇게 말하니까 내 마음이 아파. 좀 더 부드럽게 말해 줄 수는 없을까?" 하고 자분자분 얘기하는 거야. 여기서 더 나아가 강요하지는 말고. 그런데 이렇게 말하는 게 쉽지는 않겠지.

## ● 4단계: 받아들임

그런데 그 아이가 "나 안 웃었어. 애, 참 이상하네."라고 하면 어찌해야 할까? "아까 웃었잖아?" 하고 따져 물어야 할까? 아니야. 나를 보고 웃은 건지, 저도 모르게 웃음을 지은 건지 알 수 없잖아. 그걸 보고서 기분이 나빠진 건 모두 내 생각 탓에 일어난 일이고.

생각이 멈춘 곳에 마음이 놓여. '나'라고 하는 생각, 꼭 이래야만 한다는 생각을 멈춰야 해. 생각이 억누르고 있는 마음에 숨 쉴 겨를을 줘야 한다는 말이야. 마음이 숨을 쉬면 새로운 눈길로 돌아볼 여유가 생겨. 그러면 그냥 '아, 아니라고 하는구나.' 하고 받아들일 수 있어. 내가 따진다고 해서 문제가 풀리지 않는다는 걸 알아야 해. 문제라고 따지고 짚을수록 더 엉킬 뿐이야. 그러니까 그냥 그 아이가 하는 말을 액면 그대로 받아들이고 "내가 잘못 봤나 봐." 하고 돌아서는 거야. 이렇게까지 하는데도 거칠게 나오는 사람은 드물어.

## ● 5단계: 포기

포기해도 괜찮아. 내가 아무리 상냥하게 굴어도 불편해하거나 거칠게 구는 사람이 있어. 이럴 땐 어떻게 해야 할까?

어떤 동아리라도 공감 능력이 떨어지는 사람이 7~8퍼센트는 있다고 해. 아무리 애를 써도 깐족대는 사람은 있다는 뜻이야. 그 사람들과 다 좋게 지낼 수는 없어. 말을 섞으면 섞을수록 거듭 꼬투리를 잡는 사람들과는 거리를 둬도 좋아. "그래도 좋아." 또는 "괜찮다."는 말들은 우리에게 숨 돌릴 겨를을 줘.

## ● 6단계: 다시 어울림

괜찮다며 가슴을 쓸어내리고 있다 보면 다시 힘이 차올라. 그러면 요즘 내가 살아가는 결이 돌아 보이면서 지난 일을 짚어 볼 겨를도 생기지. 찬찬히 오늘과 어제를 살피다가 좋지 않은 사이를 좋도록 만들어 보고 싶은 마음이 들기도 해. 그럴 때는 1단계부터 다시 짚어 가면서 '껄끄러웠던 이 애하고 사이좋게 지낼 수는 없을까?' 하며 다가서는 거야. 나와 뜻이 어긋나 거슬리는 애라고 해서 보지 않고 살아갈 도리는 없는 거거든. 데면데면한 분위기를 오래 끌고 가다 보면 마음이 편치 않잖아. 이럴 때 어울림이란 말머리를 들고 다시 시작해 보는 거지.

서로 다른 것이 어울리려면 갈등이 일어나지 않을 수 없어. 서로 달라서 일어나는 갈등은 없어질 수도 없고, 없어져서도 안 돼. 흔히 말하듯이 다르다는 것은 틀리다는 말이 아니잖아. 다름이 섞여 살려니 어쩔 수 없이 갈등이 빚어진다면, 듣는 이 마음이 다치지 않도록 되도록 말을 곱게 하는 게 좋아.

아울러 감정이 격해 있을지라도 상대가 다칠 수 있는 얘기는 하지 않아야 해. 우리는 모두 지뢰밭을 가지고 있어. 가까운 사이일수록 서로 약점을 잘 알고 있거든. 평소에는 그럴 일이 없지만 갈등이 빚어지면 상대 지뢰밭을 공격하고 말아. 그러는 건 나중에라도 풀 수 있는 길을 막아 버리는 거야. 또 놓치지 말아야 할 것이 있어. 갈등을 빚은 문제와 얘기 상대를 떼어 놓고 다루는 것이야. 만약에 "너희 분단은 왜 그래?" 하는 따위 말이 나오면 갈등은 더 깊어지겠지. 말부림만 잘해도 몸부림칠 일이 한결 줄어들어.

그리고 감정을 너무 억눌러서도 안 돼. 감정을 웬만큼 드러내도 괜찮아. 그때그때 감정을 풀어내지 못하고 참고 쌓아만 두다가는 엉뚱한 데서 터뜨리거나 만만하게 느끼는 애먼 사람에게 쏟아붓게 되거든.

# 갈등이 있다고 함께 지낼 수 없는 건 아냐

달이하고 생긴 갈등은 할아버지 말씀 따라 차근차근 해 보니까 조금씩 풀려 가고 있어. 그런데 학생회에서 빚어지는 갈등들은 차원이 다르거든. 서로 옳다고 여기는 게 다른데 누구도 물러서지 않으려고 해.

우리는 갈등을 푼다고 하면 그 안에 담긴 문제가 싹 사라지기를 바라. 그러나 아무리 애를 써도 갈등 요소가 아주 없어지지는 않아. 서로 다른 생각을 바꿔 놓을 수는 없기 때문이야. 바뀌지 않을 것을 두고 뒤엉켜 물고 뜯기보다는 물꼬를 틀어 어울려 살 길을 찾아야 해.

그리고 어찌 보면 잘되지 않는 게 당연할 수도 있는 거니까, 너

무 잘 풀리리라 기대한 탓에 힘이 빠지지 않도록 네 마음을 잘 보살
피는 게 좋아.

이럴 때는 할아버지가 내게 힘이 될 만한 얘기를 들려주면 좋을 텐
데. 서로 죽일 것처럼 싸우다가 화해를 한 얘기 같은 거 없어?

물론 있지. 미국에서 가장 큰 사회 갈등 가운데 하나가 바로 임
신중절을 둘러싸고 일어난 갈등이야. 임신중절 반대, 태아를 떼면 안
된다는 사람들은 태아를 떼어도 된다고 여기는 사람들을 '살인자'로
몰아세웠어. 1977년부터 2007년까지 임신중절 시술 병원에 폭탄을
터뜨린 게 41건, 불을 지른 건 175건이나 돼. 이걸 미국에선 "반낙태
폭력"이라 불러.

엄마 몸에 들어앉은 아기를 떼어 낼 수밖에 없는 까닭이 있다면
임신중절을 해야 한다는 찬성론자와, 어떤 일이 있더라도 아이를 떼
어 내선 안 된다고 하는 반대론자. 둘 가운데 누가 옳을까?

아기를 떼어 내도 된다는 사람들은 아직 태어나지 않았더라도 사
람을 죽이려는 데 손을 들어 주는 것이니까 나쁜 사람들일까? 사실
이 사람들은 여성, 곧 산모 안녕과 선택을 존중하는 사람들이야. 뜻
하지 않은 일을 겪어 바라지 않는 임신을 하거나 태아 몸에 문제가
있을 때는 임신중절을 할 수 있도록 해야 여성들이 마음 놓고 살아

갈 수 있다는 거지.

반대론자 논리도 또렷해. 엄마 아기집에 아이가 들어서는 순간부터 목숨이 비롯하는 것으로 보아 태아를 떼어 내는 건 살인이라는 얘기야.

'살인'이라는 말 때문에, 임신중절을 찬성하는 쪽 사람들은 '선택'이란 말을 꺼내 들었어. 이제부터는 '낙태 찬성', '낙태 반대'라는 말 대신 '임신 선택', '임신 멈춤 선택'이라는 말을 쓰자는 거였지. 이런 말은 태아를 떼어 낸다는 데 초점을 둔 '낙태'보다 듣기에도 편안할뿐더러, '자유'와 '안전' 같이 좋은 것들이 떠오르는 말이기도 하거든.

그런데 이 갈등이 잦아들었어. 어떻게 그럴 수 있었을까? 이 일을 해결하기로 나선 단체에서 두 모둠 사람들을 도두보며 질문을 던졌어. '두 모둠이 다른 건 뭐고 같은 건 뭘까?'

다른 건, 임신 선택론을 펴는 이들은 산모 선택권을 내세우고 낙태 반대론을 펴는 사람들은 태아 생명권을 내세운다는 거야. 같은 건, 두 모둠 모두 사람 살림을 내세운다는 거지. 임신 선택론을 펴는 이들은 산모 살림을 앞세우고, 낙태 반대론을 펴는 사람들은 태아 살림을 앞세울 뿐이었던 거야. '살림'이란 같은 목적을 갖고 있다는 걸 확인한 두 모둠은 서로 머리를 맞대지. 바라지 않는 임신 예방 운동을 함께 하기로 손잡은 거야. 성교육 캠프를 열고, 피임 도구를 나눠 주었으며, 미혼모 자녀 입양 장려 캠페인, 미혼모 지원 사업도 힘을 모아 했어.

그래서 어떤 일이 벌어졌을까? 임신 선택론을 펴는 이들이 낙태 반대론을 펴는 사람들로 바뀌었을까? 거꾸로 낙태 반대론을 펴는 사람들 신념이 달라졌을까? 아냐. 그렇지만 임신 예방 운동을 함께 하면서 적어도 서로에게 품었던 미움은 줄어들었어. 서로 겪어 보니 '저이들도 따뜻한 피가 흐르는 사람들'이라고 느끼게 된 거야. 반낙태 폭력 횟수도 드라마틱하게 줄어들었지. 마침내 임신 선택과 낙태 반대라는 저마다 신념을 잃지 않으면서도 서로 미워하지 않고 더불어 사는 길을 찾아낸 거야.

이렇게 갈등이 있을 때 서로 물러설 수 없는 것은 미뤄 두고 더불어 뜻을 맞출 수 있는 것부터 하나하나 다가서면 새로운 길이 열릴 수 있어.

# 외교 천재 소손녕

 벼리야, 우리 역사에서 말솜씨 하면 으뜸으로 꼽히는 이가 누군지 아니?

글쎄, 음… 서희 담판을 한 서희 장군 아닐까?

하하, 서희면 서희지 왜 살짝 고리를 내려, 너답지 않게. 맞아. 역사를 잘 알지 못하는 사람도 '서희 담판' 얘기를 꺼내면 "아!" 하고 바로 탄성이 터져 나와.

서희는 고려 성종 때 사람이야. 993년 거란 장군 소손녕이 수십만 대군을 이끌고 쳐들어왔잖아. 그때 그 유명한 서희 담판으로 나라를 지켜 냈어. 이에 그치지 않고 여진이 차지하고 있는 강동 6주, 거란으로 가는 길목인 압록강 동쪽 280리를 고려에게 내주겠다는 약속을 받아 내는 기염을 토했다고 알려져 있어. 처음에 거란이 내세운 화해 조건은 고려가 차지하고 있는 고구려 땅을 내놓고 거란을 섬기라는 것이었는데 말이야.

사람들은 대부분 이 공로가 모두 배짱 있게 밀어붙인 서희에게만 있다고 여기고 있어. 맞수인 소손녕은 서희 담판에 휘둘려 수십만 대군을 이끌고 와서도 오히려 강동 6주를 내주고도 모자라 적지 않은 예물까지 실어서 보낸 어수룩한 사람으로 그려졌지. 그렇다면 소손녕은 바보였을까?

소손녕이 고려를 쳐들어온 까닭은 가장 큰 맞수인 송나라와 고려가 맺은 동맹을 깨는 데 있었어. 송나라와 패권을 다툴 때 고려가 뒤를 치지 못하도록 하려는 데에 전쟁 목적이 있었던 거지. 첫 싸움에서 고려 선봉대를 간단하게 제압한 소손녕은 80만 대군이 고려를 휩쓸기 전에 항복하라고 고려 조정을 윽박질렀어. 하지만 안융진에서 벌인 전투는 거란에게 불리한 쪽으로 흐르고 있었지.

사실 거란으로서는 전쟁을 오래 끌어 봐야 좋을 게 하나도 없었어. 전쟁이 길어지면 군대를 먹일 식량을 현지에서 대야 하잖아. 그런데 고려 조정에서는 이미 한 차례 창고를 열어 백성들에게 식량을 가져가게 했고, 여차하면 남은 식량을 모두 없애 버리고 도망치려 했거든. 그랬더라면 쫄쫄 굶은 군대로 제대로 싸우기는커녕 살아서 돌아갈 일도 막막하겠지.

불리하게 흐르던 안융진 전투는 고려가 이겼어. 소손녕은 아무것도 얻지 못한 채 이대로 돌아가야 할지도 모른다고 애가 탔을 거야. 그 참에 서희가 여진이 똬리 틀고 있는 압록강 둘레에 있는 땅을 돌려주면 송나라와 관계를 끊고 거란과 외교를 맺겠다고 손 내민 거야. 이 화해 손길 덕분에 거란은 커다란 희생을 치르지 않고 '후방 안전' 이라는 전쟁 목표를 이룰 수 있었지. 그리고 역사 연구자들 말로는, 소손녕이 끌고 온 군사가 6만 명이 채 되지 않았을 거래. 소손녕은 이 사실을 들키면 어쩌나 조마조마하지 않았을까.


소손녕이 거둔 외교 성과는 그 뒤에 있었던 2, 3차 침공 전과를 보면 더욱 뚜렷이 드러나. 1010년에 거란 황제 성종이 친히 40만 대군을 이끌고 쳐들어왔지만 드센 저항에 부딪쳐 헛물만 켜고 물러갔어. 다시 8년 뒤에 소손녕 형 소배압은 10만 군대를 이끌고 침입했다가 귀주에서 강감찬에게 크게 지고 돌아가고 말았고. 이에 견주면, 외교 협상으로 바라는 바를 주고받은 소손녕은 진 게 아니라 서희와 더불어 서로 살리는 게임을 했다고 봐야 해. 전장이 아닌 외교 무대, 협상에서 패배란 있을 수 없어.

정말 그러네. 좀 전까지는 소손녕이 바보같다고 생각했는데 소손녕도 서희 못지않은 외교 천재인걸. 적과 싸우지도 않고 서로 살리는 길이 있다는 게 신기해. 서로 터놓고 얘기하는 게 이렇게 소중한 거구나.

그렇지? 너와 내가 이렇게 오랫동안 말하기를 줄기 삼아 얘기를 나누는 까닭이 바로 거기에 있어.

총칼로 하는 전쟁은 이기더라도 상처뿐인 영광일 뿐이야. 세 치 혀로 하는 입씨름으로 얻은 열매가 훨씬 달콤하지. 어느 한 사람 죽어 나가지 않고, 이쪽과 저쪽 사람을 두루 살리니까. 제 생각을 내려놓고 물러서면 그 자리에 마음이 놓여. 마음 놓고 다리 뻗기보다 더 평화로울 수 있는 일이 있을까?

# 맺는 말

우리 벼리, 이제 말하기에 자신이 좀 붙었을까? 그보다 내 얘기가 너무 지루하지는 않았는지 걱정이 앞서는구나. 아직도 말버릇을 고치지 못해 한번 입을 열면 내 얘기에 빠져서 말을 길게 한 것 같네. 그래도 벼리 네가 내 얘기를 잘 받아 주어서 얼마나 마음이 놓였는지 몰라. 이제까지 한 번도 말은 안 했지만.

아쉬움도 있기는 해. 숭숭 구멍이 뚫려 겨울에 제 구실을 하지 못하는 방문처럼, 내가 들려준 얘기들에도 빈 구석이 많은 것 같거든. 그래도 나는 너하고 얘기 나누면서 말 부리기를 새롭게 짚어 볼 수 있어서 보람찼어. 그래서 네가 무척 고마워.

🧑 에이, 할아버지가 더 고맙지. 할아버지와 더불어 많이 배웠어. 그러나 아직도 말을 어떻게 해야 할지 갈피가 잡히지 않을 때가 많아서 아쉬워.

👴 딱한 일이지만 평생 말을 하면서 살아온 나도 여태 말을 잘못해서 가까운 이웃 마음에 생채기를 낼 때가 많아. 그래도 줏대를 세우고 벼린 뜻 바탕에서 말을 제대로 부리면 몸부림치거나 칼부림할 일이 줄어든다고 여겨. 그렇지만 말부림을 제대로 하면 몸부림칠 일이 줄어든다는 걸 아무리 헤아린다 해도 도깨비방망이 휘둘러 "금 나와라. 뚝딱!" 하듯이 하루아침에 말을 제대로 부릴 수는 없어. 옹근 뜻이 몸에 배지 않는다면 옹근 말이 나오지 않지 않기 때문이야.

옛 어른들은 "첫술에 배부르랴", "급할수록 돌아가라"는 말씀을 입버릇처럼 달고 사셨어. 서두르지 말고 차근차근 익혀 가다 보면 어느덧 몸에 옹근 뜻이 새겨져서 옹근 말이 하나둘 입에 감기어 나올 수 있을 거야.

마지막으로 숫자 얘기 하나 들려줄게. 1.0000001을 거듭제곱해서 나온 값에 거듭제곱을 하고, 그렇게 나온 값에 또 거듭제곱하기를 스물아홉 번 하면 얼마나 될까? 상상이 가지 않겠지만, 소수점 아래를 버린 값이 무려 207,017,133,996,671,569,721,067(이천칠십해 일천칠백일십삼경 삼천구백구십육조 육천칠백일십오억 육천구백칠십

이만 일천육십칠)이야. 놀랍지? 조그마한 숫자가 저토록 어마어마해지다니. 그럼 거듭제곱에 거듭제곱하기를 스물두 번까지만 되풀이하면 얼마나 될까? 1.5211쯤밖에 되지 않아. '애걔!' 싶지? 스물여섯 번을 해도 821.298쯤으로 숫자가 백 단위에 지나지 않아. 거듭제곱에 거듭제곱하기를 스물일곱 번 되풀이해야만 674,530쯤으로 십만 단위로 뛰어올라. 이 값에 거듭제곱하기를 두 차례 더했을 뿐인데 207,017,133,996,671,569,721,067이라는 값이 나오다니⋯ 믿겨?

여기서 교훈을 두 가지 얻을 수 있어. 먼저 아주 조그마한 씨앗 하나가 어마어마한 열매를 맺을 수 있다는 거야. 1을 거듭제곱에 거듭제곱을 거듭하기를 스물아홉 번이 아니라 천만 번 거듭해도 해도 얻는 값은 1일 뿐이야. 그러나 덧붙여진 백만 분의 일(0.0000001)이라는 티끌보다 더 작다고 느껴지는 이 숫자가 놀라운 일을 벌였단 말씀이야.

둘째, 이렇게 커지기까지는 시간이 걸린다는 거야. 거듭제곱해서 나온 값에 거듭제곱하고 또 거듭제곱하기를 스물두 번 하더라도 1.5211에 지나지 않아. 여기까지는 커졌더라도 커졌다고 느끼기에 너무 작아 겉으로 드러나지 않지. 스물세 번째 단계에서는 2.314로 커지고, 스물네 번째 단계에서는 5.353으로 커지다가 스물일곱 번째에는 674,530으로 커졌어. 십 만 단위가 됐으니 이쯤에서야 뿌리내

렸다고 할 수 있어. 그러던 것이 스물아홉 번째에 가서는 급기야 한 눈에 얼마라고 알아볼 수 없을 만큼 엄청난 숫자로 탈바꿈해. 그야말로 기하급수로 늘어났어.

깊은 생각이 담긴 말부림은 급한 네 마음에 따라주지 않아. 더디더라도 꾸준히 하다 보면 무르익은 석류가 터지듯이 어느 순간 네 말도 툭 터져 나올 거야. 배는 물을 믿어서 뜨고 비행기는 공기를 믿고 난다는구나. 또 보리는 봄이 온다는 걸 믿고 겨우내 차가운 땅에 뿌리를 내리며 안간힘을 쓴다더라. 조급한 마음을 누그러뜨리고 틀림없이 옹근 열매를 맺을 수 있을 것이라 믿으면서 뚜벅뚜벅 가 보자꾸나, 우리.

# 내 말 사용 설명서

2019년 3월 29일 초판 1쇄 발행
2020년 7월 15일 초판 4쇄 발행

**글** 변택주 · **그림** 차상미
**펴낸이** 류지호 · **상무이사** 양동민 · **편집이사** 김선경
**편집** 이기선, 정회엽, 곽명진 · **디자인** 김효정
**제작** 김명환 · **마케팅** 김대현, 정승채, 이선호 · **관리** 윤정안

**펴낸 곳** 원더박스 (03150) 서울시 종로구 우정국로 45-13, 3층
**대표전화** 02) 420-3200 · **편집부** 02) 420-3300 · **팩시밀리** 02) 420-3400
**출판등록** 제300-2012-129호(2012. 6. 27.)

ISBN 978-89-98602-93-2 （44190）
　　　 978-89-98602-92-5 （세트）

이 도서의 국립중앙도서관 출판시도서목록(CIP)은
서지정보유통지원시스템 홈페이지(http://seoji.nl.go.kr)와
국가자료공동목록시스템(http://www.nl.go.kr/kolisnet)에서 이용하실 수 있습니다.
(CIP제어번호: CIP2019009829)

• 잘못된 책은 구입하신 서점에서 바꾸어 드립니다.
• 독자 여러분의 의견과 참여를 기다립니다.
　블로그 blog.naver.com/wonderbox13 · 이메일 wonderbox13@naver.com